Schriftenreihe Erziehung und Unterricht, Band 32

Herausgegeben von
Emil E. Kobi, Felix Mattmüller-Frick
Ruth und Hans-Peter Meyer-Probst

Fredi Ehrat
Felix Mattmüller-Frick
(Herausgeber)

POS-Kinder in Schule und Familie

Eltern, Lehrer, Ärzte und Therapeuten berichten über ihre Erfahrungen

6. Auflage

Verlag Paul Haupt
Bern • Stuttgart • Wien

Titelbild: KUM Dokumentationsstelle, Muri

1. Auflage: 1985
2. Auflage: 1987
3. Auflage: 1988
4. Auflage: 1991
5. Auflage: 1994

Die Deutsche Bibliothek – CIP-Einheitsaufnahme

POS-Kinder in Schule und Familie :
Eltern, Lehrer, Ärzte und Therapeuten berichten über ihre Erfahrungen /
Fredi Ehrat ; Felix Mattmüller-Frick (Hrsg). –
6. Aufl. –
Bern ; Stuttgart ; Wien : Haupt, 1998
(Schriftenreihe Erziehung und Unterricht ; Bd. 32)
ISBN 3-258-05743-5

Dieses Papier ist umweltverträglich, weil chlorfrei hergestellt
Printed in Switzerland

Vorwort

Diese Broschüre will Eltern und Betreuern von POS-Kindern Mut machen. Sie zeigt, dass viele Eltern vor den gleichen Problemen stehen: Auch sie wollen ihren POS-Kindern helfen, sie hoffen auf das Verständnis der Mitmenschen, und sie leiden unter den Ungerechtigkeiten, denen ihre Kinder täglich ausgesetzt sind. Es ist ihnen nicht verständlich, was ihren Kindern fehlt. Oft sind sie verzweifelt und wissen nicht, an wen sie sich wenden sollen. Sie fühlen sich allein und kommen mit der Erziehung nicht mehr zurecht, sie resignieren.

Sie erfahren in diesem Buch, wie Eltern von POS-Kindern die Situation meisterten: Sie begannen, sich zu organisieren, sie trugen Adressen von engagierten Fachleuten zusammen, informierten betroffene Eltern und die Öffentlichkeit über das POS, veranstalteten Tagungen und Vorträge, führten Elternkurse durch.

Sie finden auch Beiträge über die Schulangebote für POS-Kinder. Die richtige Schulung ist ausschlaggebend: Das Kind muss sich wohlfühlen, es soll ernst genommen werden mit seinen Problemen und Begabungen, es muss Leistungsmassstab sein, es sollte gefördert und nicht überfordert werden. Die Schule darf das POS-Kind nicht zerstören.

Wir hoffen, dass unsere Beispiele allen Betreuern von POS-Kindern Möglichkeiten aufzeigen, die grossen Anforderungen bei der Schulung ihrer Kinder besser bewältigen zu können.

Wir informieren gründlich über das POS und hoffen, dass Sie auch Ihr Kind erkennen können. Die sehr schwer fassbaren Verhaltensweisen sollen damit verständlich gemacht werden – der erste Schritt zur Hilfe: Die Aufklärung über das POS verhindert Schuldgefühle der Eltern wegen falscher Erziehung, ein Vorwurf, den Eltern von POS-Kindern nur zu gut kennen.

Als Unterlagen für diese Broschüre dienten uns Elternbriefe, Diskussionen, Podiumsgespräche und Tagungen der ELPOS-Vereine. Wir danken allen Eltern und Fachleuten für ihre Beiträge herzlich.

Der Migros-Genossenschafts-Bund, die Pro Infirmis, der Schweizerische Beobachter und die Winterhilfe haben mit Druckkostenbeiträgen die Herausgabe dieser Schrift erleichtert. Auch dafür danken wir herzlich.

Die Herausgeber: Fredi Ehrat und Felix Mattmüller-Frick

Inhalt

Welche Bedingungen müssen erfüllt sein, damit in der Schule Wohlbefinden und Leistungsfähigkeit erreicht werden können?

Ratschläge von Fachleuten

Ich kann einfach nicht glauben, dass man da nichts tun kann!

Ausschnitte aus Briefen von Müttern und Vätern

- Ich hatte immer das Gefühl, mein Kind stehe mit seinen Problemen alleine da.
- Immerhin habe ich durch eine erste gründliche Untersuchung erreicht, dass der Lehrer endlich begriff, dass die teilweise sehr schlechten Leistungen unserer Tochter nichts mit Dummheit oder Faulheit zu tun haben.
- Ich versuche, mein Möglichstes zu tun und komme dabei nicht weiter.
- Ich übe zuhause sehr viel mit dem Buben, aber immer wieder ist es das Gleiche, was uns beide entmutigt.
- Ich kann es einfach nicht glauben, dass man da nichts tun kann, wo er mir sonst intelligent vorkommt.
- Im Moment stehen wir wieder einmal vor einem Berg von Problemen. Unser Sohn (9½) vermag trotz guter Intelligenz in der Normalschule nicht zu folgen, daraus ergab sich vermehrter Aufwand für die Hausaufgaben und Nachhilfe. Wir wollten ihm helfen und merkten nicht, dass wir ihn dadurch noch mehr ins Elend stürzten.
- Aufklärung tut not, und zwar bevor ein Kind eingeschult wird. Es soll uns nicht zufriedenstellen, wenn es heisst – Intelligenz gut, mittelschweres POS, Prognose günstig.
- Nun ist Daniel in der 4. Klasse und seine Leistungen endgültig auf einen sehr tiefen Stand gesunken, trotz Verständnis des Lehrers, Intelligenz des Kindes und intensiver Hilfe meinerseits. Ich bin in letzter Zeit wieder sehr ratlos und verzweifelt und finde keinen Ausweg mehr aus diesem Teufelskreis, in den wir immer wieder geraten. Ich merke ja auch, wie Daniel unter all diesen Dingen leidet, Ablehnung der Kameraden, Unzufriedenheit mit sich selber bei schlechten Leistungen.
- Nun sollte das Kind die erste Klasse repetieren. Sollte es wieder nicht gehen, wird es im Verlauf des Sommers in die Hilfsklasse versetzt. Doch ist das der richtige Platz für mein Kind?

- Mir wurde nur gesagt, dass es keine besondere Schule für diese Kinder gäbe und auch keine Therapien.
- Mit viel Fantasie, Liebe und Geduld und Nervenkraft haben wir in mehreren Bereichen etwas erreichen können. Es fehlt aber noch einiges.
- Man sagte uns, ein Schulheim mit normalem Unterrichtsstoff, jedoch auf solche Kinder abgestimmt, wäre das Richtige. Das Heim, ein Kind ist ja dann einfach ein Heimkind, haben wir noch nicht ganz akzeptiert.
- Wir haben einen Erstklässler, der genau diese Störungen aufweist und uns natürlich schon viel Sorgen und schlaflose Nächte gebracht hat. Leider nahmen wir einfach an, sein Charakter sei so.
- Bei der Lehrerin ging alles gut. Sie ist eine ruhige Person. Das Kind hatte keine Störungen, ausser leichte und schnellere Ermüdung bei Föhn.
- Ferner hat Philip ziemlich Schwierigkeiten im Umgang mit andern Kindern, weil er merkt, dass er dort nicht richtig akzeptiert wird. Deshalb zieht er es vor, wenig oder überhaupt nicht ins Freie zu gehen.

Wir haben in den vergangenen sieben Jahren viel Sorgen und Kummer gehabt!

Mütter und Väter berichten über Erfahrungen

Wir sind in einem ständigen Zwiespalt

In der Montag-Ausgabe des Tages-Anzeigers vom 23. August 1976 haben wir den Artikel über die Tagung von ELPOS gelesen. Es war uns, als hätte man uns aus der Seele geschrieben. Endlich einmal etwas, das unseren Problemen vielleicht etwas entgegenkommt. Wir haben einen 9-jährigen Bub, Michael, und er ist eines dieser Kinder. Wir haben in den vergangenen sieben Jahren viel Sorgen und Kummer gehabt, nebst allem andern auch zu einem grossen Teil wegen der lieben Mitmenschen. Immer wieder wurde uns zu verstehen gegeben, dass wir von einer rechten Erziehung so gut wie nichts verstünden. Nun, wir haben uns daran gewöhnt. Aktueller für uns ist, dass wir mit unserem Kind einfach vielfach nicht zurechtkommen. Immer wieder hat Michael aggressive, störrische Anwandlungen, unter welchen die ganze Familie leidet. Wir wissen vielfach nicht, wie wir uns richtig verhalten sollen, da wir eben wissen, dass er es nicht aus Bosheit tut.
Mit etwa 2 Jahren hat es angefangen. Michael war unglaublich trotzig, schlug, sobald ihm etwas nicht passte, mit dem ganzen Körper hinten auf den Boden auf. Zuerst schrieben wir es einer starken Trotzperiode zu. Doch als er sich im Laufe der Zeit mehr und mehr äusserst ungebärdig benahm, durch nichts zu bändigen, fingen wir an, uns Sorgen zu machen. Zum Beispiel: Er verstrich über ein Jahr lang den Inhalt seiner Windeln im Zimmer. Wir konnten mit ihm kaum auf Besuch gehen, da er dann immer «durchdrehte» und so zerstörerisch wirkte, dass es für alle eine Belastung war. Dazu kamen dann, wie schon erwähnt, immer wieder einmal die freundlichen Bemerkungen der Mitmenschen. Hier in unserem Block gerieten wir mit einem Teil der Nachbarn in grösste Schwierigkeiten, weil Michael auch im Haus sein «Unwesen» trieb. Obwohl wir versuchten, den Leuten zu erklären, wie es sich mit dem Bub verhalte, fanden wir nur bei wenigen Verständnis. Als Mutter fühlte ich mich zeitweise am Rande eines Nervenzusammenbruchs: Immer wieder war ich beim Arzt, der mir nur mit Beruhigungsmitteln etwas helfen konnte. Momentan fühle ich mich gesundheit-

lich besser, doch die Probleme mit dem Kind reissen nicht ab. Michael ist jetzt in der 3. Klasse. Vom Schulpsychologen wurde er als intelligent bezeichnet, doch bringt er es meist nur zu mittelmässigen bis schlechten Leistungen. Wir haben das Gefühl, dass er irgendwie überfordert ist. Schreiben und Rechnen bereiten ihm grosse Mühe, so dass ihm kaum Zeit für anderes bleibt. Vielfach sitzt er bis zum Nachtessen an den Aufgaben, zeitweise sogar am Morgen vor der Schule und weint, weil ihm keine Freizeit bleibt. Wir haben mit der Lehrerin gesprochen, aber sie hat eine Klasse mit etwa 30 Kindern, und sie sagte uns, es bleibe ihr nichts anderes übrig, als ihn eben mitzuschleppen. Mit einer Wiederholung eines Schuljahres sei ihm auch nicht geholfen, da er sich dann wieder unterfordert fühlen würde. Und doch haben wir das Gefühl, dass es so nicht durch alle Schuljahre hinweg weitergehen kann.
Es ist für uns schwierig, festzustellen, ob Michael aus Bequemlichkeit nicht will oder ob er infolge Erschöpfung nicht mehr kann. Wir möchten ihm gerecht werden, umgekehrt haben wir Angst, einer gewissen Vorzugsstellung, die dann ausgenützt würde, Vorschub zu leisten. Wir sind in einem ständigen Zwiespalt und wissen manchmal wirklich nicht, was richtig ist.
Gerne möchten wir auch, dass seine schöpferischen Anlagen, welche bestimmt da sind, mehr Entfaltung finden. Aber wir fühlen uns vielfach hilflos, da wir nicht wissen, was bei ihm ankommt.
Nun möchten wir noch schildern, wie wir überhaupt herausfanden, dass Michael Hirnfunktionsstörungen hat. Er war in seinen Kleinkinderjahren ausserordentlich unruhig, aggressiv und auch ängstlich. Zuerst holte ich mir bei der Säuglingsschwester in der Mütterberatung einen Rat. Sie schickte uns zum Kinderarzt, der uns bald einmal an den kinderpsychiatrischen Dienst wies. Dort wurde Michael während mehrerer Monate getestet. Schliesslich wurde auch ein EEG im Kinderspital gemacht. Diese Untersuchung ergab, dass er nicht epileptisch war, doch sah man, dass etwas nicht stimmte. Anschliessend wurde der «Fall» abgeschlossen mit dem Hinweis, man könne bei diesen Kindern nicht viel mit Therapie ausrichten. Am besten sei einem solchen Kind geholfen, wenn ihm die Eltern viel Ruhe und Sicherheit geben. Mir wurde zu einer Psychotherapie geraten, damit ich als Mutter die nötige Sicherheit erlange. Weiter wurde uns angeboten, bei Schwierigkeiten telefonisch Rat einzuholen. Ich habe das ein paar mal getan, doch schaute nicht viel heraus. Man muss selber Tag für Tag immer wieder von neuem den Weg suchen. Manchmal gelingt es besser, manchmal eben schlechter. Zudem hat man bei einem solchen Kind auch immer viele Schuldgefühle, da man doch spürt, dass man ihm vielfach nicht richtig helfen kann, weil es die eigenen Kräfte übersteigt.

Die Probleme wuchsen ins Unermessliche

Unser bald 13jähriger Markus erscheint mir geradezu als Paradebeispiel für ein POS-Kind. Er wurde (als zweiter von 5 Kindern) zu früh geboren, erlitt bei der sehr schwierigen Geburt Sauerstoffmangel und nachträglich eine schwere Gelbsucht. Verzögerte Entwicklung, motorisch gestörtes Verhalten in der ersten Zeit, Tobsuchtsanfälle, Eifersucht usw. in den nächsten Jahren veranlassten mich, bei einem Kinderpsychiater Hilfe zu suchen. Dort lernte ich, mein Kind besser zu verstehen. Bei Eintritt in den Kindergarten aber begannen die Schwierigkeiten erst recht, ebenso beim Schuleintritt zwei Jahre später. Eine schwere Legasthenie wurde festgestellt. Der kinderpsychiatrische Dienst des Kantons Aargau vermittelte uns einen Internatsplatz im Taubstummen- und Sprachheilheim Riehen. Dort fand Markus soviel Verständnis und Liebe – in Gruppe und Schule –, dass sich nicht nur die Schulleistungen gewaltig verbesserten, sondern auch das Verhalten zur Umwelt. Auch die Probleme in der Familie hatten sich stark vermindert. Nach eineinhalb Jahren kam Markus zurück, optimistisch und voll guten Willens. Sein Lehrer aus Basel verbrachte einen ganzen Nachmittag beim zukünftigen Fahrwanger Lehrer, um ihm Besonderheiten und Schwächen von Markus zu erklären. Trotz der weitern Bemühungen des hiesigen Sonderschullehrers und der Legasthenietherapeutin, weigerte sich der Lehrer, darauf einzugehen.
Durch tägliche Entmutigungen und Verspottungen erlitt der Knabe einen schweren Rückfall: er fühlte sich schlechter als vor seinem Eintritt in die Schule in Riehen. Auch das Verhalten zuhause änderte sich zwangsläufig: Die Probleme wuchsen ins Unermessliche. Markus war an gewissen Tagen in der Familie kaum mehr zu ertragen. Wenige Monate hatten genügt, um alles wieder zusammenbrechen zu lassen.
Wieder mit Hilfe des kinderpsychiatrischen Dienstes nahmen wir Markus aus der Primarschule weg und versetzten ihn in die Hilfsschule. Dies war im Augenblick die einzige Möglichkeit. Beim verständnisvollen Sonderschullehrer fand Markus insofern Hilfe, als dieser ihn nicht mehr unter Druck setzte und ihm, soweit wie möglich, auch das «Versagen» ersparte. Trotzdem war auch er von Anfang an der Meinung, dass der intelligente Bub auf keinen Fall in die Hilfsschule gehöre. So blieb nur die Suche nach einem weiteren Internat.
Zur Zeit ist Markus in der Ecole d'Humanité in Hasliberg. Die Grundsätze dieser Schule sollten ermöglichen, dass Markus wieder zu sich selber findet und seine Talente endlich entfalten kann. Wir hoffen, dass er für die dortige Gemeinschaft tragbar ist: die notwendigen Medikamente hat er. Trotzdem

bleibt er für uns natürlich eine grosse Sorge. Er wird ja auch viele Ferienwochen wieder bei uns in der Familie verbringen, und ich möchte daraus das Beste machen.

Mein Mann und ich erschraken sehr

Unser Patrick wurde im Mai 71 als erstes von drei Kindern geboren. Mein Mann und ich freuten uns sehr auf unser erstes Kind. Während der Schwangerschaft gab es Komplikationen in Form von Blutungen in der neunten Woche und im siebten Monat. Die Geburt dauerte 16 Stunden und war mit Schwierigkeiten verbunden. Patrick weinte im Spital oft, und er wurde mir von einer älteren Säuglingsschwester beim Austritt mit den gehässigen Worten übergeben: «So, da haben Sie den Schreihals!»
In den ersten Lebenswochen weinte Patrick oft, und mein Mann und ich wurden dadurch sehr verunsichert. Die körperliche Entwicklung verlief normal. Ich erinnere mich nur, dass er später sitzen lernte als die beiden jüngeren Geschwister.
Als ausgebildete Kindergärtnerin versuchte ich, mein Wissen in der Kindererziehung anzuwenden, jedoch ohne grossen Erfolg. Natürlich wollte ich auch malen und basteln mit Patrick und war sehr enttäuscht, weil er nach kurzer Zeit wieder aufgab. Später lud ich andere Kinder zu Festen und Bastelnachmittagen ein, wer nicht mitmachte, war mein Sohn. Er zog es vor, in dieser Zeit im Freien herumzutoben. Ausdauer im Spielen entwickelte er nur, wenn er im Freien so richtig «wärchen» konnte.
Als Patrick vier Jahre alt war, bezogen wir als Zweitwohnung einen Hausteil auf einem Bauernhof. Während drei Jahren wohnten wir im Sommer auf diesem abgelegenen Hof. Wir pflegten einen guten Kontakt mit einer kinderreichen Familie in der Nähe. Erzieherisch hatten wir in dieser Zeit wenig Probleme.
Patrick besuchte den Kindergarten bei drei verschiedenen Kindergärtnerinnen, bei einer auf dem Lande und bei zwei verschiedenen in der Stadt. Bei der Kindergärtnerin auf dem Land durfte er viel im Freien spielen. Fussball war sein Lieblingsspiel. Es sei mühsam, Patrick zum Basteln zu bringen, erzählte uns die Kindergärtnerin. Im Winter in der Stadt wollte Patrick nicht mehr in den Kindergarten und klagte über Bein- und Bauchschmerzen, als auf Weihnachten viel gewerkt wurde. Im letzten halben Jahr vor der Einschulung waren wir in der Stadt von einer Dreizimmerwohnung in ein Fünfzimmer-Reiheneinfamilienhaus umgezogen. Patrick war sehr glücklich mit seiner jungen fröhlichen Kindergärtnerin, die ihn voll akzeptierte in seiner

langsamen, verträumten Art. Sie arbeitete auch mit allen anderen Kindern ohne Druck. Ich selbst war hie und da im Zweifel ob der bevorstehenden Einschulung, doch die Kindergärtnerin war überzeugt, dass Patrick schulreif sei.
Richtige Schwierigkeiten begannen erst in der 1. Klasse. Beim ersten Gespräch mit dem Lehrer hiess es, Patrick sei zu langsam, verträumt, ständig vergesse er etwas, unordentlich, Sachen fallen herunter, wir müssten mehr mit dem Kind üben. Die Folge davon war, dass wir auch zu Hause mehr Druck bei den Schulaufgaben und allgemein aufsetzten. In der Schule steckte Patrick ständig Strafpunkte ein, wenn er etwas vergass oder nicht sorgfältig genug ausführte. Bei einem weiteren Gespräch nach etwa ¾ Jahren hiess es, das Kind sei total faul, daran sei nichts mehr zu ändern, und sonderschulreif. Unsere ganze Erziehung wurde in Frage gestellt. Nach einem schlimmen Wochenende meldeten wir Patrick aus eigener Initiative beim schulpsychologischen Dienst zur Abklärung an. Ich wollte wissen, was wirklich mit unserem Kind los sei. Anfangs 2. Klasse wurde die Diagnose leichter Hirnschaden gestellt. Mein Mann und ich erschraken sehr. Von POS-Kindern hatten wir bis zu diesem Zeitpunkt noch nie etwas gehört. Aber auch Erleichterung stellte sich ein und das Gefühl, dass nicht alles an unserer falschen Erziehung lag.
Nun kam die Zeit, wo wir mehr Verständnis für Patrick aufbrachten, aber auch alles Fehlverhalten mit seinem POS entschuldigten. Der Lehrer brachte auch nach der Abklärung nicht mehr Geduld für ihn auf. Im Herbst der 2. Klasse versetzten wir Patrick mit Hilfe des schulpsychologischen Dienstes in ein anderes Schulhaus zu einer Lehrerin, die wir uns vorher aussuchten. Nach einem Gespräch war sie bereit Patrick aufzunehmen. Bereits drei Monate nach dem Wechsel, brachte Patrick gute Leistungen und fiel in keiner Weise in seiner Klasse auf.
Inzwischen waren wir auch auf den Elternverein ELPOS gestossen. In einem Erziehungskurs, vom ELPOS organisiert, lernten wir besser mit Patrick umzugehen. Seither besuchen wir regelmässig Elternerziehungsberatungsgruppen, was uns sehr hilft. Schon das Gefühl, nicht allein zu sein mit seinen Problemen, entlastet uns unglaublich.
Patrick tritt in diesem Frühjahr in die 6. Klasse über. Wir haben gelernt ihm Vertrauen zu schenken. Er ist sehr selbständig geworden. Seit der 4. Klasse macht er seine Aufgaben allein. Mit etwas Geduld hat Patrick Eislaufen gelernt und ist seit einem Jahr in einer Eishockeymannschaft der Stadt Zürich.
Patrick gibt auch heute noch sehr schnell auf und hat Mühe, eine neue Aufgabe anzupacken. Er braucht viel Ermutigung.

Der mühsame Alltag

Wir freuten uns enorm auf die Geburt unseres ersten Kindes. Im Januar wollten wir das Bett, die Kleider usw. besorgen. Da wurde uns ein dicker Strick durch die Rechnung gemacht! Noch im alten Jahr, zwei Monate zu früh, kamen zwei Knaben zur Welt, natürlich viel zu leicht, und Markus, in Steisslage, hatte zudem noch die Nabelschnur um den Hals gewickelt. Mit Sauerstoff und der zusätzlichen intensiven Betreuung erholte er sich zusehends. Bei unseren Besuchen im Kinderspital seufzte die zuständige Schwester jedoch immer wieder: «wenn doch dieser Bub nur trinken könnte, wir erleben es kaum bis seine Flasche leer ist.» Damals störte mich dieser Satz kaum. Ich hatte ja noch keine Ahnung, was das für mich heissen würde, denn sein Zwillingsbruder, den ich bereits zu Hause hatte, trank munter.
Nach drei Monaten, mit einem Gewicht von knapp drei kg, durften wir Markus nach Hause nehmen. Anstatt Freude zu zeigen, schrie er ununterbrochen, sobald man ihn ins Bett legte. Auf dem Arm war er jedoch sofort ruhig. Schlaf hatte er anscheinend keinen. Dann kam der erste Schoppen: Nur 80 g, aber wieviel 80 g sind, wenn ein Kind nicht schlucken will, anscheinend nicht Hunger hat, ausgerechnet jetzt einschläft und mir im Spital eingeschärft worden war: «seine Tagesmenge muss er unbedingt trinken», bekam ich jetzt und in der folgenden Zeit so recht zu spüren. Mit der Zeit gewöhnte ich mich daran, dass er sehr viel weinte, fast eine Stunde Zeit pro Schoppen einkalkuliert werden musste und er anscheinend, vor allem nachts, viel weniger Schlaf brauchte als sein Bruder.
Skeptisch und zeitweise recht gespannt sah ich der weiteren Entwicklung entgegen. Das Essen besserte sich etwas, sobald ich ihm mit dem Löffel eingeben konnte. Aber auch so blieb es eine mühsame Angelegenheit. Sein Tatendrang steigerte sich zusehends. Es wurde aber nichts in den Händen gehalten, sondern alles gleich weggeschmissen. Sitzen lernte er viel später als sein Bruder. Als auch das Laufen mit 18 Monaten noch nicht klappte, begann ich zu zweifeln, ob die Geburt doch einen Schaden hinterlassen habe. Der Kinderarzt tröstete mich jedoch und erklärte: ich müsse mit einer Frühgeburt schon etwas mehr Geduld haben. Tatsächlich, mit einiger Verspätung kam alles, das Laufen, das Selberessen, das Sprechen. Die Sprache war aber so undeutlich, dass ich erneut unsicher wurde. Hinzu kam, dass Markus nicht spielen konnte. Kaputtmachen und fortwerfen, Heftli zerreissen waren seine Spiele. Im Sandkasten die Sandberge, welche seine Kameraden mühsam aufgebaut hatten, in Windeseile niederschlagen und den Sand überall, vor allem aber in Kinderwagen, zu streuen. Durch dieses Verhalten wurde er natürlich sehr bald unbeliebt, und auch diverse Be-

merkungen anderer Mütter mir gegenüber blieben nicht aus. Besuch bei uns oder wenn wir auf Besuch gehen wollten, war wohl das Allerschlimmste. Gingen wir fort, musste alles mit den Händen angeschaut werden, und keine Sekunde war er ohne Bewegung. Meistens waren nachher die fremden Spielsachen kaputt. Kam aber Besuch zu uns, musste er die ganze Aufmerksamkeit auf sich ziehen. Konnte er im Mittelpunkt stehen, ging alles gut.

Kurz vor seinem fünften Geburtstag konnte ich erstmals zur logopädischen Untersuchung mit ihm gehen. (Dies gegen den Willen des Kinderarztes, der mir immer wieder erklärte: ich müsste mehr Geduld aufbringen, ich dürfe ihn nicht dauernd mit seinem Bruder oder gleichaltrigen Kindern messen.)

Nach der logopädischen Kontrolle erklärte mir die Therapeutin, dass sie mit diesem Kind überhaupt nicht arbeiten könne, obwohl es dringend nötig wäre. Die motorische Ungeschicklichkeit, ja Schwerfälligkeit, die enorme Unruhe und die Konzentrationsunmöglichkeit müssten zuerst abgeklärt und behandelt werden. In der Kinderklinik erfolgten jetzt Untersuchungen, EEG und diverse Tests. Auch konnte er jetzt dreimal pro Woche zur heilpädagogischen Behandlung. Ich empfand das als enorme Erleichterung, musste ich mir doch keine Vorwürfe mehr machen wegen meiner Ungeduld und Erziehungsunfähigkeit. Zugleich war es aber auch eine zusätzliche Belastung. Wir wohnen auf dem Lande. Die Behandlungszentren liegen alle in der Stadt. Ein Reiseweg mit den öffentlichen Verkehrsmitteln nahm gleich viel Zeit weg wie eine Therapiestunde. Die Wartezeiten, bis endlich wieder ein Postauto fuhr, kamen noch dazu. Seine Unruhe, die gesteigert wurde je mehr sich der Bus füllte, veranlasste oftmals die andern Mitfahrenden mir Erziehungsunfähigkeit vorzuwerfen und Ratschläge zu erteilen. Die Ratschläge enthielten von «mehr Liebe geben» bis zu «den Hintern so recht versohlen» so ziemlich alles. Zudem stellten sich jetzt auch Probleme mit seinem Bruder ein. Er musste ja drei mal pro Woche einer Nachbarin gebracht werden und fühlte sich natürlich benachteiligt. Ihn auch noch mitnehmen, dafür reichten meine Kräfte nicht mehr.

Kurz vor dem Kindergarteneintritt erklärte man mir, Markus weise eine psychomotorische Entwicklungsverzögerung auf. Die Kindergärtnerin müsse unbedingt orientiert werden, sonst klappe das nie. Trotzdem war vor allem die anfängliche Kindergartenzeit sehr mühsam. Die Unzuverlässigkeit seines Verhaltens im Strassenverkehr war eine enorme Belastung, vor allem wenn er verspätet nach Hause kam. Durch seine Ungeschicklichkeit musste er auch immer wieder spöttische Bemerkungen seitens seiner Kameraden, aber leider auch grösserer Schulkinder, einstecken. Dies förderte seine Gruppenintegration natürlich nicht. Im Kindergarten sass er am liebsten etwas abseits und wartete darauf, bis irgendwo ein Turm, ein Haus usw.

gebaut wurde, das er mit Freude zusammenschlug oder er wischte einfach alles vom Tisch. Ganz langsam besserte sich sein Verhalten, vor allem im zweiten Kindergartenjahr. Trotzdem fragten wir uns: Wie soll das weitergehen? Psychisch und physisch waren meine Kräfte erschöpft, was sich natürlich auch auf unsere Ehe negativ auswirkte. Sollen wir so weiterleben, unsere Ehe kaputt gehen lassen oder Markus in ein Heim geben. Der Arzt riet uns zuerst, noch mit Medikamenten zu probieren. Dies brachte wirklich eine Erleichterung, obwohl wir den Medikamenten sehr skeptisch gegenüberstanden. Es verschwanden damit nicht alle Probleme, aber wenigstens die motorische Unruhe besserte sich zugunsten der Konzentration.
Beim Schuleintritt tauchten alle Schwierigkeiten wieder vermehrt auf. Die Schrift war eine Katastrophe, je mehr er sich anstrengte (verkrampfte), umso unleserlicher wurde alles. Dies und die sehr unterschiedlichen Leistungen führten recht bald zum Verleider. Zudem musste er sich während den ersten zwei Schuljahren mit fünf verschiedenen Lehrpersonen herumschlagen. Nach diesen zwei Jahren standen wir vor der Wahl einer Repetition oder der Einweisung in die Hilfsschule. Wir entschieden uns für die Hilfsschule, nachdem Schule und Lehrer zuerst gründlich inspiziert wurden. Kleinklassen oder Sonderklassen fehlen bei uns und auch an den meisten anderen Orten auf dem Lande. Die Hilfsschule bringt für ihn viele Vorteile: sehr kleine Klassen, individueller Unterricht, mehr handwerkliches Arbeiten. Trotzdem plagt uns Eltern von Zeit zu Zeit das Gewissen. Die Hilfsschule gilt in den Augen sehr vieler als minderwertig. Nur die Allerdümmsten gehen dort zur Schule. Die Einweisung eines Kindes in die Hilfsschule kommt einem sozialen Abstieg der Familie gleich.
Mit der Einweisung in die Hilfsschule sind aber nicht alle Probleme verschwunden. Die Leistungsschwankungen besserten sich etwas, sind aber nach wie vor vorhanden. Auch muss immer wieder ganz gründlich überlegt werden: Therapie ja oder nein und welche. Man könnte so viel aufholen, aber er braucht vermehrt Freizeit. Jede Therapie, aber noch mehr der Reiseweg hin und zurück, nimmt ihm wieder Freizeit weg. Er fühlt sich dann immer überlastet. Auch unsere Famile musste sich in einigen Dingen ihm anpassen. Wir sind überdurchschnittlich konsequent geworden. Unser ganzer Tagesablauf besteht aus Regelmässigkeit, und Improvisationen sind zur ganz grossen Ausnahme geworden. Die Ferien verbringen wir am besten mehrmals am gleichen Ort, in der gleichen Wohnung. Besuche oder andere nicht alltägliche Ereignisse werden einige Zeit vorher und immer wieder angekündigt. Unser Freundeskreis ist kleiner geworden.
Zum Schluss möchte ich aber doch sagen, dass Markus trotz allem ein sehr liebes Kind ist. Er kocht z. B. jeden Morgen das Morgenessen, weil er es nicht so lange im Bett aushält wie die übrigen Familienmitglieder. Auch jä-

tet er immer wieder freiwillig und unaufgefordert den Garten, mehr sogar als mir lieb wäre. Gerade jetzt während ich schreibe, hat er mir den ersten Frühlingsstrauss gebracht: Schlüsselblumen und Buschwindröschen. Dass der Bauer vor zwei Stunden die Wiese inklusiv Blumen reichlich mit Gülle düngte, stört ihn nicht.

Kontakt mit dem Lehrer

Markus wurde 1968 geboren. Die Geburt dauerte lange. Beim Stillen sah ich, dass Markus blau wurde. Der Arzt stellte Sauerstoffmangel fest. Bei der Entlassung gab man mir den Rat, bei Unklarheiten den Kinderarzt aufzusuchen. Bis zum 2. Lebensjahr ging alles gut. Plötzlich bemerkte ich, dass Markus nicht klettern konnte. Seine Hände versagten, sie konnten auch ein Glas nicht halten.
Zwei Jahre Rhythmik-Unterricht brachten keinen Erfolg. Mit 4½ Jahren konnte Markus in den Kindergarten eintreten. Er war nicht besonders glücklich, hatte Schwierigkeiten, sich anzupassen. Später ergab eine Abklärung im Kinderspital, dass Markus ein POS-Kind ist.
Eine Stunde Psychomotorik, zwei Stunden Sprachheilunterricht pro Woche wurden als Therapie verordnet.
Markus hatte Kontaktschwierigkeiten. Oft wagte er nicht, das Schulzimmer zu betreten und kehrte wieder um. Nach Rücksprache mit dem Kinderarzt beschloss ich, Markus dem schulpsychologischen Dienst zuzuweisen, wo er getestet wurde. Das Ergebnis lautete: «Schulreif für die Normalklasse». 1975 trat Markus in die erste Klasse ein.
Nach vier Wochen hatte er bereits Schwierigkeiten, wurde bestraft, weil er den Unterricht störte. Gegen den Willen der Lehrerin blieb Markus aber in der Klasse. Diese drei Schuljahre waren sehr beschwerlich. Markus gab sich viel Mühe. Seine Aufgaben begann er oft mehrmals, um den Forderungen der Lehrerin zu genügen.
In der zweiten Klasse verlor Markus seinen Vater durch einen Unglücksfall. Es war für uns eine sehr schwere Zeit. In der dritten Klasse brach sich Markus in den Ferien ein Bein. Bei unserer Heimkehr war unser Hauseingang mit Blumen geschmückt, und seine Kameraden hatten ihm aufmunternde Briefe geschickt. Jetzt fühlte er sich geliebt. Dieses Erlebnis machte vieles wieder gut.
Ende Schuljahr schlug die Lehrerin Repetition oder Einweisung in die Kleinklasse vor. Mir gelang es, mit Hilfe des Schulpsychologen und der Schulpflege mein Kind einem geeigneten Mittelstufenlehrer anzuvertrauen. Mar-

kus war nun nicht mehr am Schwanz der Klasse. Er war glücklich, eine Wohltat für die Familie. Sein Lehrer verstand, ihn mit Humor zu führen. Ich suchte in regelmässigen Abständen den Lehrer auf. Markus äusserte dann den Wunsch, ins Gymnasium einzutreten. Der Lehrer empfahl aber die Realschule. Markus war enttäuscht. Er durfte die Prüfung für die Sekundarschule absolvieren, bestand sie aber nicht.
Nun arbeitete er gar nicht mehr für die Schule. Ein Gespräch mit dem Schulpsychologen half ihm sehr. In der Realschule ging es aber immer schlechter. Ich nahm wieder Kontakt mit dem Lehrer auf. Dieser beklagte sich über die Arbeitshaltung von Markus.
Es kam zu einem Gespräch zwischen dem Schulpsychologen, Markus, seinem Lehrer und mir. Markus durfte selber einen Arbeitsplan ausarbeiten und Vorschläge unterbreiten. Es klappte aber nicht. Mit Nachhilfestunden, die im Stundenplan eingebaut waren, erzielten wir Fortschritte.
Markus ist nun in der zweiten Realklasse. Es geht leidlich gut. Ich bespreche mit dem Lehrer auftauchende Probleme. Noch ist die Schulzeit nicht zu Ende. Nicht alle Probleme sind gelöst, über die Berufswahl wissen wir noch nichts. Vielleicht kommt ein zusätzliches Schuljahr als Reifejahr in Frage.
Dass Markus die Normalschule doch geschafft hat, ist folgenden Umständen zu verdanken:

- Ständiger Kontakt mit Lehrern und Schulbehörde
- Hilfe durch den schulpsychologischen Dienst und den Schularzt
- Information durch Besuche von Kursen und Vorträgen der ELPOS
- Begegnung mit anderen Eltern

Der Elternverein ELPOS entsteht

von Fredi Ehrat

Im Sommer 1973 erschienen im Tages-Anzeiger zwei Artikel über das POS von Prof. Corboz und Prof. Herzka. Rolf Lerf, Vater eines POS-Kindes und Redaktor mit besonderem Engagement für Schulfragen, hatte diese in der Schweiz erste Publikation ausserhalb der Fachpresse veranlasst.
Uns Eltern von POS-Kindern fielen buchstäblich die Schuppen von den Augen: genau das war es, was wir suchten, worauf wir nirgends eine Antwort erhielten oder nur eine ausweichende. Rolf Lerf wurde mit Fragen und Antworten von Eltern überhäuft. Er stellte damit einen Beitrag im Tagi-Magazin zusammen, welcher ein noch grösseres Echo auslöste. Eine Kontaktadresse wurde angegeben für Eltern, die sich auszusprechen wünschten.
Die Geburtsstunde des ELPOS war da. Ich erinnere mich an das erste Treffen im November der etwa 50 Eltern, als ob es gestern gewesen wäre.
Alle waren wir «geladen» mit unseren Problemen und glücklich, uns endlich einmal Eltern mit gleichen Problemen mitteilen zu können. Diese Erleichterung war unglaublich.
Eine Wut auch über das Unverständnis und die Untätigkeit der Schule. Das Gefühl, jetzt gemeinsam etwas *tun* zu können, das war die beste Medizin für unsere Probleme, unsere Verzweiflung und Resignation.
Wir beschlossen im Frühjahr 1974 einen Elternverein zu gründen. Bis dann wollten wir in den Bezirksgruppen gründliche Vorbereitungen machen: die Probleme zusammentragen, Erwartungen an die Vereinsarbeit formulieren und Forderungen an die Behörden aufstellen.
Das Problem des POS war zu dieser Zeit im Ausland seit einigen Jahren bekannt, in der Schweiz begann es, langsam ins Bewusstsein der Mediziner zu dringen. Behörden, vor allem Laienbehörden der Landgemeinden waren über das Problem nicht im Bild.
Massnahmen für POS-Kinder in schulischer Hinsicht oder eine Elternberatung auf breiter Basis fehlten ganz. Für unsere Kinder bedeutete dies einen Leidensweg während ihrer Schulzeit, Schwierigkeiten aller Art als Jugendliche und meist ein verpfuschtes Leben als Erwachsene.
Für die Eltern bedeutete es Vorwürfe wegen falscher Erziehung, nicht endenwollende Sorgen und schliesslich Schuldgefühle. Das totale Unverständnis der Umwelt führte schliesslich bei den meisten Eltern zur Resignation. Aus dieser Situation ergab sich das Programm des Elternvereins ganz von selbst. Die Schwerpunkte waren: Erfahrungsaustausch und Ausspra-

che unter den Eltern, Information der Öffentlichkeit, Behörden, Fachleute, Lehrer, Aufbau eines für unsere Kinder geeigneten Schulsystems.
Bei uns Eltern drang die Erkenntnis durch, dass wir uns solidarisieren und uns selber helfen müssen. Der Elternverein ist ein Interessenverband, der bei den Behörden ein Gewicht hat, und er ergreift die Initiative für Massnahmen. Auch kann er sich als Koordinator zwischen den verschiedenen Behörden, Lehrerschaft usw. einsetzen.

Am 18. März 1974 war es so weit: In der Freizeitanlage Bachwiese wurde unser Verein gegründet im Sinne einer Selbsthilfeorganisation. Es wurde entschieden, sich weiter in den Regionalgruppen zu treffen, sich dort auszusprechen, zu diskutieren, Ideen zu entwickeln. Ein Arbeitsprogramm lag vor, dessen Inhalt in Aufträge für zehn Arbeitsgruppen gegliedert war. Vier davon wurden gebildet: «Adressen von Behörden usw.», «Vorträge», «Liste von Privatschulen» und die Informationsgruppe. Über eine Kontaktadresse sollten Informationen bezogen werden können. Am gleichen Abend wurde an zwei Agenturen ein Text über die Vereinsgründung geschickt, der am mächsten Tag in der Tagespresse erschien. Ich hatte auch Gelegenheit, in der Sendung von Tag zu Tag im Radio kurz über den Zweck unseres Vereins zu orientieren.

Im Frühsommer fanden zwei *Vortragsabende* statt, deren Zweck es war, uns Eltern kompetent über das Problem POS zu informieren. Hatten wir doch damals eher lückenhafte oder falsche und oft divergierende Vorstellungen. Für jede weitere Arbeit war es unerlässlich, dass im Verein eine gemeinsame Basis geschaffen wurde. Dr. Wolfensberger von Thalwil verstand es, uns am 13. Mai 1974 auf anschauliche Weise eine solide Einführung in die Materie zu verschaffen. Herr Walls, Lehrer am heilpädagogischen Seminar in Zürich, sprach am 18. Juni 1974 aus der Sicht des Sonderklassenlehrers und Heilpädagogen.

Ein von der Regionalgruppe Oerlikon organisiertes *Familienpicknick* im Sommer sollte es den Eltern erlauben, über ihre Regionalgruppe hinaus persönliche Kontakte zu finden und die Kinder von andern Eltern in einer ungezwungenen Situation kennen zu lernen. Das Picknick sollte ein Versuch sein für grössere, derartige Anlässe. Wir wollten wissen: wie geht es mit POS-Kindern unter einander und mit ihren Geschwistern. Sieben Eltern und etwa 20 Kinder trafen sich auf einer Waldwiese bei Bülach. Es war ein voller Erfolg. Die Kinder hatten sich auf «ihren Tag» gefreut. Sie spielten endlich einmal die Hauptrolle und vertrugen sich ausgezeichnet bei verschiedenen Spielen.

Im Spätherbst wurde ein *Bastelnachmittag* im Mehrzweckraum des Schulhauses Benglen veranstaltet. Wie beim Picknick kamen auch die Geschwister mit. Wie würden sich unsere Kinder verhalten? Würde die klassiche Situation eintreten? Würden unsere Kinder in der Wettbewerbssituation mit den Geschwistern entmutigt und passiv werden, da sie weniger «schön» basteln können? Interessanterweise bastelten die Kinder gleichermassen vertieft in ihre Arbeit etwa 2½ Stunden lang. Die Erfahrung aus diesem Nachmittag ist: Unsere Kinder müssen beim Basteln mit anderen Kindern zusammen nicht entmutigt werden, wenn der Leistungsdruck wegfällt.
Unsere POS-Kinder wurden nicht in die Rolle des Bösen manipuliert wie üblich, der Teufelskreis war gebrochen.

Die *Arbeitsgruppen* hatten gut gearbeitet. Im Herbst lagen vor:

- Eine Liste mit 160 Adressen von Behörden, Spezialärzten und Ärzteorganisationen. Schulpsychologen, Therapeuten, Lehrerorganisationen, Privatschulen, Seminarien, verwandter Vereine und Institutionen.
- Eine Liste von Privatschulen und privaten Sonderschulen.
- Ein Literaturverzeichnis.
- Ein Merkblatt über Legasthenie.
- Die Arbeitsgruppe Vorträge organisierte zwei Vorträge.
- Fragen über IV-Beiträge konnten anhand des konkreten Falles der Schulgruppe Thalwil abgeklärt werden.
- Eine weitere, eher langfristig wirkende Arbeitsgruppe, befasste sich mit Fragen der Förderung von Sonder D Klassen der Unter- und Oberstufe der Volksschule.
- Die Regionalgruppe Oerlikon untersuchte Möglichkeiten der Freizeitgestaltung, Ferien für Mütter, Kinderhütedienst usw. Sie hat das Familienpicknick organisiert.

«Prospekt»
Probleme und Programm, Zusammenfassung

- Laut Statistik haben 5 Prozent aller Kinder eine leichte Hirnfunktionsstörung
- Unsere Kinder versagen in der Grossklasse. Weil es fast keine geeigneten Schulen gibt, die unsere Kinder fördern können, werden sie oft in die

Hilfsschule versetzt, wo sie intelligenzmässig oft gar nicht hingehören. Die Weichen für die Zukunkt sind dann gestellt

- Infolge mangelndem Verständnis und fehlender Förderung werden unsere Kinder noch «schwieriger».

Wir wollen mit unserem Elternverein erreichen

- Information von Behörden und der Öffentlichkeit
- Vermehrte Beratung für Eltern
- Zusammenarbeit mit Behörden, Lehrern, Ärzten

Schulische Förderung der Kinder

- Erfassen der wenigen vorhandenen Schulen
- Gründungen privater Kleinklassen durch Eltern
- Forderung nach mehr spezialisierten Kleinklassen
- Abklären wie und ob unsere Kinder in der «normalen» Schule getragen werden könnten: Gesamtschule, Aussetzen der Deutschnote, Legasthenieunterricht
- Früherfassung
- Weiterbildung, Lehre nach der Schule

Ein *erster Kontakt* wurde mit der *Erziehungsdirektion* des Kantons Zürich hergestellt. Unsere Zielsetzung wurde begrüsst, da unser Verein im Interesse der Kinder gegründet worden war. In bezug auf Bildung weiterer Sonderklassen machte man keine grossen Hoffnungen. Wir wurden dahin informiert, dass ein Rechtsanspruch auf Legasthenieunterricht besteht und zur Deutschnote der Vermerk LRS (Lese-Rechtschreibeschwierigkeit) rechtlich möglich ist. Auch wurden wir über die Gesetze und Verordnungen aufgeklärt. Es wurde uns angeboten, eine Broschüre über unseren Verein vom ED herauszugeben. Wir beschlossen, gegenseitig in Kontakt zu bleiben.
Unsere Forderungen nach Sonderreal- und Sondersekundarklassen stiessen auf Interesse.
Weitere Kontakte bestanden zu Pro Infirmis und Pro Juventute. Über deren Kontaktstellen konnten wir mit unsern Anliegen an private Kindergärten, Vorschulen und Horte gelangen, ein erster Beitrag unsererseits zur Früherfassung.

Im Laufe des Herbstes stellte sich der Verein durch Briefe bei 160 Adressaten vor. Es wurden Briefe verschickt an folgende Gruppen:

- Schulpsychologen
- Lehrer und ihre Organisationen, Seminarien, Kindergärtnerinnen
- Ärzte und Therapeuten
- Behörden
- Verwandte Vereine
- Privatschulen und Schulheime

Positive Reaktionen erhielten wir von Professor Corboz, Chef des Kinderpsychiatrischen Dienstes des Kantons Zürich, vom Fürsorgeamt der Stadt Zürich, vom Sozialdienst des Kantons Zürich, vom Schulpsychologischen Beratungsdienst Meilen und Winterthur.

Das wohl häufigste von den Eltern geäusserte Bedürfnis war das einer *Elternberatung* in erzieherischen, familiären oder Ehefragen. Es wurde eine Arbeitsgruppe gebildet, welche zunächst in ausgedehnten Aussprachen die Probleme, die uns Eltern von POS-Kindern betreffen, sichtbar machte. In einem Arbeitspapier wurden diese Probleme, Wünsche und Vorstellungen über die Art der Beratung festgehalten. Dann wurden mit vier führenden Psychiatern, Psychologen und Therapeuten Gespräche geführt. Um uns Eltern eine gemeinsame Basis hinsichtlich der Vorstellungen über Elternberatung zu verschaffen, veranstalteten wir ein Referat von Frau Schlumpf, dipl. Psychologin, Meilen, mit anschliessender Diskussion über das Thema: Was kann Elternberatung sein, und was kann sie nicht sein. Frau Schlumpf und andere Fachleute belehrten uns, dass Elternberatung nicht etwa ein Abgeben von Rezepten ist, wie wir die Probleme unserer Kinder angehen sollten, sondern dass Elternberatung vorallem im Bewusstwerden unserer eigenen Probleme und unseres eigenen Verhaltens besteht. Auf diese Art und Weise können wir dann auch dazukommen, unseren Kindern zu helfen. Der Weg zu dieser echten Hilfe ist natürlich viel mühsamer als das Anwenden von Patentrezepten.
Die Arbeitsgruppe stellte dann vier Offerten der Berater und Anmeldeformulare zusammen und verschickte sie an die Mitglieder. Leider entschlossen sich nur wenige Eltern für eine Beratung.
Die Idee einer zentralen Abklärungs- und Beratungsstelle lehnten wir ab. Wir suchten Hilfe bei den in der Region oder am Ort wohnenden Ärzten und Therapeuten, die das POS kannten, sie waren mit den örtlichen Gegeben-

heiten vertraut und konnten besser helfen. Es bildete sich so langsam ein Netz von engagierten Kontaktpersonen, das heute nach zehn Jahren immer noch lebendig ist.

Im Bedürfniskatalog 1973/1974 wurde festgelegt, dass das *Schulproblem* grundsätzlich «mehrgleisig» angegangen werden sollte: Forderung nach mehr öffentlichen Sonder-D-Klassen und gründen von privaten Schulen, diese in Kleinklassen. Die grösseren Chancen für die Verwirklichung lagen damals bei der Gründung privater Schulen. Aus diesen Überlegungen heraus entstand im Frühjahr 1975 als erste private Schule die Gruppenschule Thalwil, die von einem Elternverein, der hauptsächlich aus ELPOS-Mitgliedern besteht, getragen wird. Eine Besichtigung der Schule und ein anschliessender Orientierungsabend für interessierte Eltern zeigte, dass die organisatorische Arbeit beim Aufbau einer solchen Schule wohl geleistet, dass aber die Bedenken gegenüber der finanziellen Unsicherheit im ersten Jahr bis zur Auszahlung der Beiträge ein weiteres Vorhaben scheitern lassen würden. Die Schlussfolgerung dieses Abends war: Es muss für eine Starthilfe gesorgt werden, z. B. in Form eines Fonds oder einer Stiftung.

Im Herbst 1975 wurde in der IV-Kommission, die vorwiegend politisch, nicht fachlich zusammengesetzt ist, auch über die *Revision des IV Art. 404* beraten. Wir durften annehmen, dass eine Änderung des Artikels für unsere Kinder schlimme Folgen haben könnte. Wir bildeten sofort eine Arbeitsgruppe aus Vorstandsmitgliedern und unserem Ärzteausschuss mit dem Ziel, bei der IV vorstellig zu werden. Unser Verein hatte zum ersten Mal Gelegenheit, als organisierte Interessengruppe seine Forderungen anzumelden.

In einem Schreiben an den Vizedirektor und die IV-Ärzte wurde mit Nachdruck die Wichtigkeit der Unterstützung für unsere Kinder dargestellt. Als zweiter Schritt arbeitete der Ärzteausschuss ein Merkblatt zuhanden der Kommissionsmitglieder aus. Mit diesem Merkblatt wurde beabsichtigt, der IV einen Vorschlag zu einer differenzierten Unterscheidung des schweren vom leichten POS zu unterbreiten. Es wurde vorgeschlagen, die Revision des Artikels auf dieser Unterscheidung zu basieren, da verhindert werden sollte, dass durch eine schematische Regelung ein grosser Teil von Kindern mit einem schweren POS keine IV-Beiträge mehr bekommen hätten. Das Merkblatt enthielt auch die Forderung, dass vor der Revision Fachleute beigezogen werden sollten, damit nicht ein Entscheid ohne fachliche Grundlagen getroffen würde. Das Merkblatt und ein Begleitbrief mit unsern Argumenten wurde auch an den Vizedirektor der IV und zur Kenntnis an die IV-

Ärzte geschickt. Durch das Merkblatt wurden die Kommissionsmitglieder auf Sachfragen sensibilisiert und Fachleute beigezogen.

An unserer *Tagung* vom 20./21. August 1976 durften wir im Kongresshaus Zürich an die 1000 Teilnehmer begrüssen: Behördenmitglieder, Ärzte, Psychologen, Lehrer, Sonderlehrer, Kindergärtnerinnen, Therapeuten und Eltern. Wir hatten das Glück, dass sich bekannte Persönlichkeiten als Referenten zur Verfügung stellten. Das Tagungsprogramm setzte sich zusammen aus:

- Podiumsgesprächen
- Vorträgen
- Arbeit in interdisziplinären Gruppen

Wir erreichten mit der Tagung folgende Ziele:

- Information über das POS aus vielen Gesichtspunkten.
- Kontakte von Fachleuten, Behördenmitgliedern und Eltern bei der interdisziplinären Gruppenarbeit.
- Öffentlichkeitsarbeit durch Berichte über die Tagung in den Medien.
- Mitgliederwerbung und Anregung zur Gründung gleicher Elternvereine in andern Kantonen.

Unsere Tagung fand in den *Medien* ein sehr positives Echo. Das Schweizer Fernsehen berichtete darüber in der Tagesschau, das Schweizer Radio sendete ebenfalls einen Beitrag. An der Pressekonferenz durften wir etwa 30 Journalisten begrüssen und in 31 Tageszeitungen erschienen Berichte über die Tagung und die Problematik des POS, darunter die NZZ, der Tages-Anzeiger, das Tagblatt, sowie Zeitungen aus Luzern, Basel, St. Gallen, Frauenfeld und Aarau. Weitere, auch mehrseitige Beiträge brachte die Schweizerische Lehrerzeitung, die Anabelle, Meyer's Modeblatt, Wir Eltern und die Schweizer Illustrierte. Die Januarnummer der Therapeutischen Rundschau war ausschliesslich dem POS gewidmet.
Aufgrund der Zeitungsberichte meldeten sich aus der *ganzen deutschen Schweiz* Eltern und verlangten Unterlagen und Ratschläge. Dabei haben wir die Erfahrung machen müssen, dass in vielen Kantonen die Situation für die POS-Kinder trostlos ist.
Aber auch sehr viele Behörden, schulpsychologische Dienste, heilpädagogische Beratungsstellen forderten Unterlagen und Merkblätter an.

Merkblatt: Das infantile psychoorganische Syndrom

von Dr. med. Christoph Wolfensberger-Haessig

Mit «POS» (infantiles psycho-organisches Syndrom) wird ein besonderes, von der Altersnorm abweichendes, mit kinderpsychologischen Methoden erfassbares Lern- und Sozialverhalten bezeichnet, das in verschieden intensiver Ausprägung bei etwa 5 Prozent aller Kinder vorkommt. Es ist auf bestimmte Einwirkungen auf das sich entwickelnde Gehirn-Nervensystem zurückzuführen, die vorgeburtlich oder im Laufe des Geburtsvorganges stattgefunden haben. Meistens ist es kombiniert mit einer diskreten oder deutlichen Beeinträchtigung des feineren Muskelzusammenspiels.
Diese Behinderung ist keine Form der Geistesschwäche und ebensowenig eine «cerebrale Lähmung». Sie besteht in einer Funktionsstörung gewisser und in jedem Fall wieder verschiedener Hirnleistungsgebiete, und wird in der Regel erst dann auffällig, wenn das POS-Kind in Kindergarten und Schule mit den höheren Kulturansprüchen der Umwelt an sein Lern- und Sozialverhalten konfrontiert wird. Diesen Ansprüchen kann das POS-Kind gebietsweise deshalb nicht genügen, weil seine andersartige *Gehirnphysiologie* ihm dies nicht erlaubt: POS-Kinder *sind* anders und verhalten sich anders als ihre Altersgenossen: Sie können ihr Lernverhalten, ihre Aufmerksamkeit und ihr Sozialverhalten, oft auch ihre Feinmotorik nicht altersgemäss steuern; unabhängig von ihrem guten Willen gehorcht dieses anderen inneren Gesetzen der funktionellen Nervenphysiologie, als bei den 95 Prozent Nicht-Betroffenen. Ihr abweichendes Lern- und Sozialverhalten, ihre Konzentrations- und Merkfähigkeitsschwäche ist Folge eines Defizites an bestimmten chemischen Impulsträgerstoffen («Neurotransmittern») in den für solche Leistungen zuständigen neuralen Funktions-Systemen. Diese Defizitsituation kann als eine Reifungs-Störung der entsprechenden zuständigen Gehirnsysteme verstanden werden. Durch ärztliche Verordnung bestimmter Medikamente, welche – wenigstens für Stunden – das chemische Defizit ausgleichen, kann einer Mehrzahl der POS-Kinder entscheidend geholfen werden.
Zu den beschriebenen Grundstörungen kommen meist noch bei jedem POS-Kinde individuell verschieden gelagerte und verschieden intensive Teilleistungsschwächen mit etwas anderer Entstehungsweise hinzu.

Die *Primären Ursachen,* die zu einem POS führen, sind vielfältig. Nachfolgend eine Zusammenstellung der häufigsten Möglichkeiten: Wir unterscheiden die drei Ursachengruppen A, B, C.

A. Vorgeburtliche oder pränatale Faktoren, im Mutterleib wirkend:

Stoffwechselstörungen der Mutter, Hormonstörungen, Bluthochdruck-und Oedemkrankheit (Schwangerschaftstoxikose) im letzten Drittel der Schwangerschaft, Hormonbehandlung (z. B bei Blutungen), Einnahme bestimmter Medikamente, insbes. Psychopharmaka, intensives Rauchen (evtl. schon ab fünf Zigaretten täglich), Alkohol, Koffein-Überkonsum, Blutarmut. Schwerer körperlicher und/oder seelischer Stress (via Hormone), Umweltschadstoffe: Blei (aus Bleibenzin, Nähe bleiverarbeitender Industrie), Quecksilber (aus vergifteten Nahrungsketten), Insektizide, Pestizide (Rückstände in Nahrung), Kohlenmonoxyd (Abgase, Tabakrauch), weiche und harte Drogen, Plazenta-Überalterung bei starker Übertragung des Kindes.

B. Während des Geburtsablaufs wirkende Faktoren (perinatal)

Abnormer Geburtsverlauf, Risikogeburt (Früh-, Sturz-, Spätgeburt), verlängerte Geburt (Missverhältnis Kopfgrösse/Becken), Wehenschwäche oder -stillstand, Nabelschnurumschlingung, Kreislaufversagen bei Mutter oder Kind, Blutverlust, Zangengeburt.

C. Faktoren im Neugeborenen (postnatal, neonatal)

Nicht-Ingangkommen der autonomen Atmung (blauer oder weisser Scheintod) z. B. bei Funktionsschwäche des Atemzentrums (Frühgeborenes) oder Verlegung von Atmungshohlräumen (Fruchtwasseraspiration, Nichtentfalten der Lunge). Schwerer Ikterus (z. B. bei Blutgruppenunverträglichkeit). Blutzuckerabfall.

Auswirkungen dieser drei Faktorengruppen auf das Gehirn des Kindes

Stoffe, die für die Mutter noch ungefährlich sind (wie eingenommene oder eingeatmete Schadstoffe, Medikamente, Drogen) können den Embryo vergiften, weil er diese Stoffe nicht loswerden kann, so dass sie sich – z. B. im Gehirn – anreichern. Da es noch unfertig, in einem komplizierten Aufbauprozess begriffen ist, kann dieser gestört werden. So müssen manche Nervenzellen, Mutterzellen des späteren, fertigen Gehirns, von ihrem Entstehungsorte eine eigenartige Wanderung vollziehen, um ihren späteren, definitiven Wirkungsort zu erreichen. Diese Wanderung kann durch die Anwesenheit der erwähnten Schad- und Giftstoffe gestört werden, so dass Hirnzellen den genetisch vorprogrammierten Bestimmungsort nicht erreichen. Dadurch kommen im Bauplan vorgesehene Nervenverbindungen nicht zustande, während es zu programmwidrigen «falschen Verdrahtungen» kommt. Damit sind spätere Funktionsanomalien vorbereitet, wie sie beim POS-Kinde bekannt sind:

Mangelhaftes Funktionieren motorischer und auch psychischer angeborener Feinregulations-Mechanismen (d. h. kybernetischer Reglersysteme auf motorischer und psychophysiotopischer Ebene). Die harmonische leibseelische Reifung und Entwicklung des Kindes wird dadurch gestört. Es resultiert eine Dysharmonie des Verhaltens – insbesondere des Emotional- und des Lernverhaltens –, welche im Widerspruch zur meist guten bis sehr guten Intelligenz steht, was den Un-Informierten (Erzieher, Lehrer) aufs höchste zu irritieren vermag.

Häufigkeit: 5 von 100 Kindern weisen Symptome des geburtsbedingten infantilen POS auf, Mädchen viel seltener als Knaben (Verhältnis etwa 1:4). In jeder Schulklasse ist also mit 1–2 solchen Kindern zu rechnen, ein Zustand, der sozialmedizinisch wie pädagogisch ernst zu nehmen ist. Diese 5 Prozent jeder Schülerpopulation darf keine rechtlose Minderheit sein.

Erkennung des Erscheinungsbildes: Sehr häufig fallen die Kinder erst im Kindergarten oder in der Schule auf, wenn ihre Funktionsdefizite offensichtlich werden, und sie an den eigenen Leistungsmängeln, den Rügen und dem Ausgelacht-Werden zu leiden beginnen. Ausgesprochene Fälle erkennt der Informierte aber schon früher: z. B. an der plumperen, unelastischen Bewegungsform, am tapsigen, «bärchenhaften» motorischen Verhalten, an der Ungeschicklichkeit beim Essen mit Besteck, der Hilflosigkeit beim Ankleiden, beim Binden der Schuhe, beim Werfen und Auffangen von Bällen, beim Seilspringen. Die Kinder sind oft motorisch unruhige Zappelkinder und fallen durch ihre Neigung zu starken Trotz- und Wutanfällen aus anscheinend nichtigen Gründen auf, sowie oft durch eine Disposition zu übertriebenem Eifersuchtsverhalten. Sie bewegen sich auf Treppen und exponierten Stellen entweder übervorsichtig-ängstlich, oder im Gegenteil allzu sorglos-unachtsam, übersehen Hindernisse und fallen auffällig oft hin, wobei Kopf- und Gesichtsverletzungen häufig sind (mangelhafter Abstützreflex). Unter den Anforderungen der Einschulung werden die POS-Kinder verhaltensauffällig (manche schon im Kindergarten, namentlich dort, wo grösseres Gewicht auf äussere Disziplin gelegt wird), nämlich:

1. Sie können sich nicht konzentrieren, werden durch jeden Vorgang, jede Veränderung in ihrer Umgebung abgelenkt. Die «kleinkindliche Aufmerksamkeitsform» wiegt vor. Ausbleiben, Reifungsverzögerung der höheren Aufmerksamkeitsform (Konzentrationsmangel).

2. Es besteht eine ausgesprochene Inkongruenz der Schulleistungen im Dual-Verhältnis (Erzieher/Kind, Lehrer/Kind «unter 4 Augen») und im Gruppen- (Klassen-) Verband: in der Gruppensituation Leistungsversagen, in der Zweiersituation viel bessere Resultate.

3. Die Kinder sind in ihrer geistigen Leistungsfähigkeit a) schwankend, inkonstant, stark wetter- und emotionsabhängig und b) rasch ermüdbar. Grosse Leistungsunterschiede zwischen Anfang und Ende der Stunde, zwischen Vor- und Nachmittag. Nach 17 Uhr sind manche völlig blokkiert («Hirnleistungsschwäche»). Gute und schlechte Tage oder Perioden. Jeder körperliche Stress (Übermüdung, Gesundheitsstörung, Überanstrengung) sowie jeder seelische (Heimweh, Ärger, Angst, Schuldgefühle, Scham) beeinträchtigt die schulische Leistungsfähigkeit in hohem Masse.

4. Viele POS-Kinder sind motorisch unruhig, können nicht stillsitzen, müssen ihre Körperstellung immer wieder ändern. Dadurch stören sie den Unterricht. Im Freien rasen sie meist hemmungslos herum; heftige Bewegungsformen und -spiele wie Fussball, Trottinet- und Velofahren sind beliebt (Ausweichen in die ungestörte Grobmotorik): Hyperaktive Kinder.

5. Oft Störung der motorischen Feinkoordnination. Das harmonische Zusammenspiel der Bewegungen fehlt dann: Es kommt zu unwillkürlichen, «unnötigen», teils ausfahrenden, teils verkrampften Mitbewegungen von Händen, einzelnen Fingern, der Mimik, der Zunge. Das Gleichgewicht wird verloren. Oft Unmöglichkeit, eine Hand ruhig zu halten, wenn die andere betätigt wird («motorische Debilität»).

6. Dadurch auch Erschwerung der Graphomotirik: Verkrampfte Haltung des Schreibgerätes, zu starker Schreibdruck, ausfahrende und zitterige Schrift. «Unsorgfältiges» Ausmalen, Mühe bis Unmöglichkeit, exakt auf die Zeilen und in die «Häuschen» zu schreiben. Langsamkeit des Schreibpozesses. Verschlechterung und vermehrte Fehler bei Temposteigerung.

7. Störung der (unwillkürlichen, automatischen) Auswertung («Verrechnung») optischer Informationen: Unvollkommene Gestaltwahrnehmung, mangelhaftes Formempfinden, optische Täuschungen, falsches Einschätzen von Distanzen und Geschwindigkeiten, «schlechtes Augenmass». Namentlich menschliche Formen werden primitiv, kleinkindlich dargestellt. Orientierungs- und Richtungssinn oft gestört. Gestörtes Raum-Lage-Empfinden. Defektes «Körper-Schema»: Unsicherheit über Lage der eigenen Körperteile im Raum. Oft Rechts/Links-Unsicherheit.

8. Emotionale Labilität. Ungesteuerte Gefühlsausbrüche, Tränen, Wutanfälle, überbordende Freude.

9. Soziale Instinktlosigkeit, Distanzlosigkeit, kein Gefühl für die sozialen Grenzen. Kein «Fingerspitzengefühl» im Umgang mit Menschen. Fehlende «soziale Hemmung» fremden Personen gegenüber. Verkennen feinerer mimischer Ausdrucks-Signale: Unfähigkeit, zu merken, «was es geschlagen hat». Elefant im Porzellanladen.

10. Viele POS-Kinder leiden an einer *«seriellen Merkfähigkeitsschwäche»*, d. h. sie sind nicht imstande, gehörte oder gelesene (oder auch taktile) Signale, z. B. Worte, Zahlen, aber auch vorgezeigte Bewegungsabläufe, in der gegebenen Reihenfolge ins Gedächtnis aufzunehmen. Sie haben dann Mühe, sich die richtige Folge der Tages- und Jahreszeiten, die Namen der Wochentage und die korrekte Reihenfolge der Monate zu merken. Das Alphabet kann immense Mühe machen. All diese Reihen müssen viel häufiger und immer von neuem geübt werden, bis sie sitzen. Serial schwache Kinder lernen zuweilen recht flüssig zu lesen, aber sie haben vom Inhalt des Gelesenen keine Ahnung. Einem pausenlosen Redefluss können sie – entsprechend ihrer andersartigen Hirnphysiologie – nicht folgen.
    Diese noch lange nicht überall bekannte Störung benötigt eine besonders sorgfältige Beratung (z. B. durch Logopäden). Sie behindert auch das Rechnen, weil sich das Kind keine Zwischenresultate merken kann.

11. Aus der Kombination von Punkt 1, 4, 5, 7 Unfallgefährdung (Abstürze, Verkehrsunfälle).
    Aus den geschilderten Schwächen und leib-seelischen Funktions-Mängeln resultieren – unter Interaktion mit den provozierten mitweltlichen Reaktionen – folgende Schwierigkeiten:
    a) Allgemeine Erziehungsschwierigkeiten. Die enorme Ablenkbarkeit, der Konzentrationsmangel, die motorische Unruhe, die Leistungsin-

konstanz und besonders der Steuerungsmangel werden als Unfolgsamkeit, Disziplinlosigkeit, Böswilligkeit missverstanden und bekämpft.

b) Die graphomotorischen Schwierigkeiten, das mangelhafte Formgefühl, die Raum- und Richtungsunsicherheit erschweren das Lesen- und Schreibenlernen. Diese Kinder sind zu Legasthenie, d. h. einer konstitutionell bedingten Lese- und Rechtschreibeschwäche disponiert, ganz besonders bei Anwendung exzessiver Ganzwortmethodik.

c) Die motorischen Bewegungsstörungen, die mangelhafte Feinkoordination, das retardierte visu-motorische Zusammenspiel, die Unexaktheit und Langsamkeit stören namentlich die Leistungsresultate im Basteln, (Pfusch, «Unsorgfältigkeit»), sowie in Turnen und Rhythmik: Aus-der-Reihe-tanzen, Ungeschicklichkeit im Geräteturnen, Langsamkeit («mit dem verlieren wir immer!»).

d) Das Erleben der eigenen Schwächen und Mängel führt zu Minderwertigkeitsgefühlen und kompensatorischem Geltungsstreben, (ADLER) Ausweich- und Vertuschungstendenzen bis zum Zwangslügen, Verheimlichen der Aufgaben, Fälschung verlangter Visa. Auch zu Resignation und Passivität.

e) Der hierauf einsetzende vermehrte erzieherische (repressive und aggressive) Druck bewirkt eine Eskalation der Verhaltensstörungen: Schulschwänzen, Weglaufen, depressive (Suizid) und aggressive Reaktionen bis «Untragbarkeit» in Schule und Elternhaus. Weichenstellungen in Richtung: Pseudodebilität, Asozialität, Kriminalität, neurotische Entwicklungstendenzen, psychosomatische Krankheiten.

f) Da Kinder lieber als unfolgsam und böse, denn als dumm, ungeschickt oder schwach gelten, übertreiben sie manchmal ihre Schwächen, spielen Clown. So entgehen sie dem Ausgelachtwerden und «haben die Lacher auf ihrer Seite».

Behandlung

A. Erziehungsberatung. Im Elternhaus möglichst eingehende Information der Erzieher über das Wesen, die Eigenarten und besonderen Schwierigkeiten des betroffenen Kindes, damit es verstanden wird und aus der Aussenseiterposition («schwarzes Schaf») herauskommen kann. Kindergärtnerinnen und Lehrpersonen aufklären über POS-Kinder allgemein und die besonderen Schwierigkeiten beim einzelnen POS-Kind. Erziehungsprinzip: *För-*

dern, fordern, nicht überfordern! In der Schule unbedingte Rücksichtnahme auf das verlangsamte psychomotorische Tempo, sowie die besonderen Leistungsschwächen. Ständiges ermutigendes Üben, nicht diskriminieren! Dem POS-Kinde muss man manches mehrmals erklären, und, wenn möglich, unter vier Augen, damit es Verstehen kann. Die Anwesenheit vieler Anderer kann es in der Aufnahmefähigkeit völlig blockieren. Vermittlung, wenn auch nur kleinster Erfolgserlebnisse – motorisch, schulleistungsmässig und sozial. Zusammenarbeit Schule / Schulpsychologe / Elternhaus / behandelnder Arzt / Heilpädoge.
«Autoritätsfreie» Erziehung ist Gift für POS-Kinder: sie verwahrlosen hiebei rasch, und ihr Verhalten wird chaotisch. Sie brauchen im Gegenteil eine zwar freundliche, aber absolut feste Führung, deutlich Grenzen, an denen sie sich orientieren können. Diese feste pädagogische Haltung sei aber nicht stur, sondern den momentanen Möglichkeiten des Kindes angepasst.

B. Heilpädagogische, sonderpädagogische, spezialistische Behandlung der Ausfälle, Schwächen und störenden Verhaltensweisen: Logopädisch bei Sprech- und Sprachschwächen, physiotherapeutisch, psychomotorisch-therapeutisch , musikalisch-rhythmisch-therapeutisch, ev. auch ergotherapeutisch bei bestehenden motorischen und feinmotorischen Schwächen. Schreibbewegungstherapie, graphomotorische Therapie. Spezifische Wahrnehmungsübungen, z. B. FROSTIG-Programm. Gezielte Verbesserung der meist bestehenden manipulatorischen Raumerfassungsschwäche.
Wenn nötig, Zuweisung in besondere Einschulungsklassen. Extreme Fälle benötigen zur Einschulung (heilpädagogischen) Einzelunterricht. Zuweisung in Kleinstklassen (max. 5–6 Schüler).

C. Ärztlich: Chance der medikamentösen Therapie mit hirnstimulierenden Mitteln zur Verbesserung der Konzentrationsfähigkeit, Aufnahmefähigkeit und feinmotorischen Koordination. In gut ansprechenden Fällen über Monate und sogar Jahre (Wirkung: Normalisierung des Hirn-Chemismus). Kinderpsychiatrische Beratung aller Bezugspersonen. Ev. auch ärztliche Wahrnehmungsbehandlung, strukturierende Kinderpsychotherapie, Warnung vor «Spieltherapie» ohne übenden, ermutigenden, erfolgsvermittelnden Aspekt und ohne klare, feststehende Regeln und Grenzen (Ausnahme: das gehemmte, passive POS-Kind). Verbesserung der Selbststeuerung durch lernpsychologische und verhaltenstherapeutische Methoden. Eventuell auch Autogenes Training mit älteren Schülern. Familienberatung und -therapie. – IV-Anmeldung bis 8. Lebensjahr möglich.

Wir sind mit den Schwierigkeiten nicht mehr allein

Mütter und Väter treffen sich im Elternverein ELPOS

Bericht über eine Diskussion in der Elterngruppe

von Fredi Ehrat

- Viele Eltern scheuen eine gründliche Abklärung, denn ein Kind mit einem POS in der Familie zu haben, bewirkt Angst, Hemmungen gegenüber der Umwelt und Prestigeverlust.
- Andere Eltern sind froh, endlich den Grund zu wissen, warum sie mit diesem Kind soviel Schwierigkeiten haben.
- Die Auswirkungen auf die Eltern, besonders der Mutter, aber auch auf die Geschwister, Spielkollegen usw. sind:
  Überängstlichkeit und Voreingenommenheit (dauernde Unfallgefahr für das Kind, da es keine Gefahr kennt), hervorgerufen durch die Ungeschicklichkeit des Kindes.
- Fehlendes Erfolgserlebnis führt zu Minderwertigkeitsgefühlen bei Eltern und Kind.
- Mutter und Lehrer fühlen sich überfordert, da das Kind sich aggressiv oder auch depressiv verhält, sobald sie sich nicht mehr ausschliesslich mit ihm allein beschäftigen.
- Die Eltern werden mit Schuldgefühlen beladen.
- Dauernde Missgeschicke können zur Ablehnung des Kindes führen.
- Mehr Arbeit für die Mutter durch die Unordentlichkeit des Kindes.
- Es gibt Eltern, die sich schämen, mit dem Kind ausser Haus zu gehen, da es immer wieder unangenehm auffällt.
- Von der Umwelt werden die Eltern als völlig erziehungsuntauglich hingestellt. Die ganze Familie wird oft als milieugeschädigt und verwahrlost eingestuft. Prestigeverlust in der Gesellschaft.
- Grosse Probleme bei gleichzeitiger Erziehung von gesunden und POS-Kindern.

- Auch in der Ehe können die Partnerbeziehungen sehr leiden oder gar zerbrechen. Oft geht es sehr lang, bis der Vater an die Behinderung glaubt.
- Das POS-Kind nicht zum Sündenbock für die Probleme der Eltern machen!

Stichworte

Probleme in der Familie

Die Probleme hören nie auf, sie tauchen nach scheinbar gefundenen Lösungen immer wieder neu auf. Wir erleben sie etwa in folgenden Etappen:

Erfassung
Das Kind ist irgendwie anders, die Eltern sind ratlos, weil sie nicht informiert sind. Erste Erziehungsfehler. Vorwürfe aus der Umgebung werden laut: «falsche Erziehung». Hemmungen, das Kind untersuchen zu lassen. Es ist ja nicht «abnormal». Eltern wissen oft nicht, dass es Abklärungsstellen gibt. Dieses Stadium kommt vom Kleinkind bis in die Mittelstufe der Schule vor.

Kindergartenalter

Das Kind fällt in der Gemeinschaft auf. Erste negative Erlebnisse wirken sich auf Familie aus: Aggression, Eifersucht auf Geschwister. Begriffe wie Untragbarkeit, Rahmen tauchen auf. Die Eltern realisieren, dass sie und vor allem ihr Kind grossen Problemen entgegengehen. Sie sind nicht gelöst, indem sich die Eltern bemühen, das Kind richtig zu erziehen, ihm Geborgenheit zu geben. Sie erleben das Problem nicht als ein individuelles oder familiäres, sonder als ein gesellschaftliches. Kenntnis der Umgebung und der Umstand, dass man dem Kind nichts ansieht, verursachen brutale Reaktionen. Das Kind gilt als frech, ungezogen. Eltern verbieten ihren Kindern, mit «diesem» Kind zu spielen. POS-Kinder werden Aussenseiter und Sündenbock, Depressionen folgen. Mit wachsenden Anforderungen vermehren sich die negativen Erlebnisse, das Selbstwertgefühl geht allmählich verloren.

Primarschulalter

Das Problem der Einschulung stellt sich. Meist ist das Kind zu diesem Zeitpunkt noch nicht abgeklärt und die Eltern nicht informiert. Probleme treten verstärkt auf. Das Kind findet sich langsam damit ab, nichts wert zu sein. Umsomehr als in dieser Gesellschaft Wert und Können gleichgesetzt werden. Das Kind wird in der Schule blossgestellt. Erste psychische Schäden treten auf, die Probleme in der Familie verstärken sich. Eltern unternehmen verzweifelte und hilflose Versuche, dem Kind zu helfen: Milde, Strenge, endloses Quälen bei den Schulaufgaben. Negative Erlebnisse treten jetzt auch daheim auf. Die Eltern möchten nur das Beste für ihr Kind. Sie wissen aber nicht, wie vorgehen und wirken unsicher auf das Kind, Zudem verstärken Vorwürfe wegen falscher Erziehung ihre Unsicherheit, sie haben Schuldgefühle angesichts des erzieherischen Versagens. Permanent hängt die Drohung über ihnen, das Kind sei eines Tages nicht mehr tragbar. Sie unternehmen demütigende Bittgänge, das Kind zu akzeptieren.
Die Bezugspersonen, die das Kind als dumm, faul, frech eingestuft haben, fühlen sich im Recht: Das Kind ist tatsächlich frech und leider auch dumm geworden, weil es nicht gefördert worden ist und weil es sich aufgegeben hat.

Auf der Suche nach einem «Platz»

Leichtere Fälle können die Regelschule besuchen. Die Probleme sind relativ klein: Unordentlichkeit, Schule mit Ach und Krach. Dort sind Paradefälle anzusiedeln wie Goethe. Diese sind allerdings ein schwacher Trost für diejenigen Kinder und Eltern, die vor der Mitteilung stehen: Es geht nicht mehr. Man sucht eine «Lösung». Von Seiten der Behörden wird dann angeboten, was verfügbar ist. Das Angebot variiert je nach Gemeinde von der Förderklasse über die Hilfsklasse zur Heimeinweisung für Schwachbegabte und Erziehungsanstalten .
Die Reaktion der Eltern ist verschieden: Empörung, Auflehnung, Zorn, Verbitterung, Resignation. Die Eltern, die es fertig bringen, nicht zu resignieren, suchen eine Schule, in der das Kind entsprechend gefördert wird. Meist ist es nicht die optimale Lösung. Das Kind wird oft wieder aus der Schule herausgenommen, der Leidensweg hört nicht auf.
Einigen wenigen gelingt es, für ihr Kind einen Platz in einer guten Schule zu finden. Die Probleme in der Familie hören zwar nicht auf, sie werden aber auf ein verkraftbares Mass reduziert. Das Kind gewinnt sein Selbstvertrauen allmählich zurück.

Berufslehre

Diese Etappe steht uns noch bevor. Intoleranz, Rezession, materialistische Einstellung werden unsern Kindern das Leben schwer machen.

Die Problematik POS wird in der Familie überlagert durch die Probleme der Eltern, die auch ohne POS-Kind da wären. Die POS-Kinder reagieren sensibler auf diese Probleme. Die Spannungen der Eltern werden durch Meinungsverschiedenheiten über die Erziehung verstärkt. Sie haben Schwierigkeiten, das Kind zu akzeptieren und projizieren ihre eigenen Probleme ins POS-Kind. Es wird zum Sündenbock. Es ist auch möglich, dass sich die Ehepartner näher kommen, weil sie sich gegen die verständnislose Umwelt solidarisieren müssen.

Mit einer Abklärung und einer Elternberatung allein ist es nicht getan. Unsere Kinder können gefördert werden. Unser Verein fordert:

- Möglichst frühzeitige Erfassung und Förderung durch Therapien (Wahrnehmungstraining, Spieltherapien, Legasthenieunterricht). Je früher die Förderung beginnt, desto weniger Lücken entstehen im Entwicklungsprozess des Kindes. Seine Chancen, in der Regelschule bleiben zu können, wachsen.
- Wir sind überzeugt, dass ein grösserer Prozentsatz unserer Kinder in der Regelschule bleiben könnte, wenn die Lehrer nicht nur besser aufgeklärt wären, sondern sie nicht allein die Verantwortung für das POS-Kind übernehmen müssten. Periodische Gespräche Eltern – Arzt – Lehrer könnten dem Lehrer helfen.
- Unsere Volksschule ist auf das Problem POS nicht vorbereitet. Sie reagiert ablehnend, hilflos. Langfristig müssen Wege gefunden werden, unsere und die andern Kinder mit Lernschwierigkeiten im öffentlichen Schulsystem zu integrieren, und zwar so, dass sie entsprechend ihrer Begabung gefördert werden.

Eine Elterngruppe wird aktiv

von Elisabeth Ammann

Die Kleinklasse Fällanden

Bis Ende Schuljahr 1980/81 besuchten unsere Kinder eine Privatschule in Fällanden. Wir Eltern hatten während dieser Zeit regen Kontakt untereinander, um die Probleme unserer Kinder zu besprechen und zu erkennen. Dadurch wuchs auch der Zusammenhang der Kinder und der Eltern. So war es dann selbstverständlich, dass bei Mitteilung der Auflösung auf Ende März 1981 der «Filiale» Fällanden durch die Schulleitung der Privatschule sofort nach einem gemeinsamen Weg gesucht wurde. Da die meisten nicht gewillt waren, ihre Kinder nun in die Stadt Zürich zur Schule zu schicken, wuchs in uns die Idee, einen Antrag an die Schulpflege Fällanden zur Bewilligung und Eröffnung einer Kleinklasse D zu stellen. Diesem Vorschlag wurde zugestimmt, und es konnte auch sehr rasch eine Lehrerin, Frau V. Haldi, gefunden werden.
Nach einigem Hin und Her – die Zeit des Überlegens und Entscheidens war knapp – konnte die Klasse auf Beginn des Schuljahres 1981/82 mit fünf Schülern (später 6) der 2. und 3. Klasse ihren Start in grosszügigen Räumlichkeiten des Primarschulhauses Fällanden feiern.
Frau Haldi gestaltete den Unterricht abwechslungsreich, so dass sich die Kinder sehr wohl und geborgen fühlten und zum Teil grossen Lerneifer und Einsatz zeigten. Für einige Schulstunden (Turnen und Schwimmen) wurden unsere Kinder in die 3. Normalklasse der Schule integriert. Auch auf dem Schulhausplatz zeigte sich ein Bild der Gemeinsamkeit. Keine Aggressionen, keine Spötteleien, die das unter Kindern übliche überschritten hätten. Wir alle hoffen, dass es noch lange so bleibt. (siehe auch Seite 73)

Die Elternvereinigung in den Kantonen

In der Folge bildeten sich Elternvereinigungen in verschiedenen Gegenden der Schweiz:

- Aargau
- Bern
- Nordwestschweiz
- Ostschweiz
- Schaffhausen
- Solothurn
- Zentralschweiz

ELPOS-Vereine gibt es in den meisten Kantonen und Regionen der Deutschschweiz.
Als Kontaktanschrift dient das Sekretariat des

ELPOS – Zürich
Affolternstrasse 125
8050 Zürich
Tel. 01 311 85 20

Welche Bedingungen müssen erfüllt sein, damit in der Schule Wohlbefinden und Leistungsfähigkeit erreicht werden können?

POS-Kinder in Familie und Schule: POSitive Menschen für eine bessere Gesellschaft

von Felix Mattmüller-Frick

1967 ist in New York ein Buch erschienen, mit dem Titel: «Menschliche Kommunikation» von Paul Watzlawick, Janet Beavin, Don Jackson. Auf Seite 56 steht reichlich kompliziert: «Jede Kommunikation hat einen Inhalts- und einen Beziehungsaspekt, wobei letzterer den ersteren bestimmt». Was soll denn das wieder heissen?: Wenn es auf der Ebene der zwischenmenschlichen Beziehungen nicht klappt, hat es keinen Sinn, miteinander reden zu wollen. Wenn wir uns gegenseitig nicht mögen, sind Arbeit und Diskussionen witzlos. Dann gibt es nur Missverständnisse. Wenn Mütter und Väter, Lehrerinnen und Lehrer Kinder nicht mögen, dann mögen Kinder auch andere Kinder nicht, dann mag niemand sich selbst, und dann läuft alles schief.
Sie wissen es: Auch POS-Kinder erbringen zuhause und in der Familie erfreuliche Ergebnisse, wenn man sie gut mag, wenn man sie nicht überfordert. Das kann nicht anders sein. Denn das Gemeinschaftsgefühl ist angeboren. Von Geburt auf sind wir auf andere Menschen, wenn immer möglich freundliche Menschen, angewiesen. Nur so können wir uns entwickeln. Klappt es auf der Beziehungsebene nicht, ist jede Entwicklung im Eimer. Und dann wird befohlen, gefordert, erzogen. Und so entstehen Egoisten. Egoisten schauen nur für sich selbst. Egoisten haben keine Freunde. Egoisten haben nur Konkurrenten. Das ist gegen die menschliche Natur. Deshalb gehen daran nicht nur POS-Kinder kaputt.

Sie kennen mich nicht – noch nicht! Deshalb berichte ich einige Erlebnisse:

An die Kindergartenzeit erinnere ich mich kaum. «Unauffällig und verträumt» dürfte es geheissen haben. Erst mit der Schule fing das Übel an. In der ersten Schulstunde am Vormittag war ich noch dabei. Weiter reichte es nicht. So bekam ich meistens nicht mit, welche Hausaufgaben zu machen waren. Ich schämte mich, wenn ich Aufgaben und Anweisungen einmal mehr nicht mitbekommen hatte oder nicht verstand. Fragen wollte ich nicht. Ich lernte schon früh, Informationen auf Umwegen zu beschaffen und so Probleme auf eigene Art zu lösen. Ehemalige POS-Kinder sollen originelle Problemlöser sein.

Eine ganze Stunde ruhig dasitzen war schlimm, einen ganzen Vormittag, wenn möglich noch bei fünf verschiedenen Lehrern, eine Tortur. Ich fühlte mich degradiert zu einem bewegungslosen, stählernen Banksafe (Paulo Freire), in den *Fremde* Einlagen machen wollten. Verweigerung aus Notwehr war die logische Folge.

Bewegungslosigkeit des Unterrichts führt zu seelischen Spannungen. Zuweilen stotterte ich. Ich entwickelte einen schweren Tic: Augenzwinkern. Ich konnte mich nicht mehr konzentrieren und war dankbar für jede Ablenkung. Was mich begeisterte, fand ausserhalb der Schule statt. Eisern konnte ich da selbstgesetzte Ziele verfolgen, Konzentration war kein Problem. Ich spielte stundenlang Fussball.

Die Schulleistungen waren in bedeutender Ausgeglichenheit unausgeglichen. Mit einer Wiederholung schaffte ich in neun Jahren die Matur. Probeweise befördert war ich meistens. Die Angst, Leistungsanforderungen nicht erfüllen zu können, sass im Nacken. Angst einerseits, Gewissenhaftigkeit andererseits führten zu chronischer Verunsicherung, «Ich bin nichts – ich kann nichts», war mein Lebensgefühl. So wurde ich abhängig von Stimmungen. Ich fühlte körperlich, ob in einem Raum freundliche oder unfreundliche Stimmung ist. Ich spürte Stimmungen von Kameraden und Lehrern und war ihnen ausgeliefert. Ich konnte mich in die Haut anderer versetzen. Ich konnte es nicht ertragen, wenn Freunde ungerecht behandelt wurden. Ich getraute mich nicht, darüber zu reden. Die andern hätten mich doch nur ausgelacht: Schwächling. Ich flüchtete in Träumereien. «Joseph, der Träumer», nannte mich scherzhaft, freundlich der Vater. Er konnte nicht verstehen, was in mir vorging.

Die Bewegungen waren nicht leicht zu koordinieren. In der Tanzstunde kam es mir hie und da so vor, wie wenn an einem Zahnrad ein Zacken fehlt. Zeit und Übung haben dieses Übel gemildert.

Stets schlimm war allerdings Schönschreiben. Wenn es nur keine Linien und Häuschen gegeben hätte. Wenn ich nur eine eigene Schrift hätte erfinden können. Schreibmaschinenschreiben habe ich mir mit 10 Jahren nach dem System «Steinadler» selbst beigebracht. Wir wollten ein selbstgemachtes Bilderbuch texten. Taschenrechner und Schreibmaschinen im Unterricht? Auch heute noch keine Selbstverständlichkeit!

Und dann die Rechtschreibung. Die welsche Mutter hatte unglücklicherweise auch noch einen welschen Namen. Métraux hiess sie. Der Vater war, was die Rechtschreibung anbetrifft, unglücklicherweise Arzt. Schreibt man Métraux mit eaux oder mit aux. Schreibt man Arzt mit tzt oder tz oder zt? Wie schreibt man jetzt, sieht, nämlich usw.? Fehlerquellen noch und noch. Deshalb hielt ich die Aufsätze kurz. Auf einer Seite sind weniger Fehler möglich als auf vier. Hätte ich zudem auch nur *einmal* vier Seiten abgeliefert, hätte ich zugleich die Leistungserwartungen der Lehrer gesteigert. Dieses Risiko wollte ich nicht eingehen. Möglicherweise wurde ich deshalb als «faul» beurteilt.
Leider führten diese Ängste und Niederlagen nicht zu Wutanfällen. «Lieber Gott, wenn Du mich lieb hast, schenke mir eine Verhaltensstörung und nicht eine Depression!» Ich war oft traurig bis verstimmt. *Traurig,* wenn man an sich ein fröhlicher Mensch ist.
Persönlich nehme ich heute diese Dinge nicht mehr so wichtig. Ich wollte mich damit auch nicht wichtig *machen.* Wichtig aber war mir, dass Sie mich und und damit auch Ihre POS-Kinder besser verstehen. Erst jetzt kann ich Ihnen – so hoffe ich – mit einem Minimum an Missverständnissen auf der inhaltlichen Ebene mitteilen, wie ich die Lebens-, Lern- und Arbeitsgemeinschaften Familie und Schule verstehe, wenn es allen Kindern, nicht allein den POS-Kindern, einigermassen wohl sein soll.

Zuvor aber folgendes: POS-Kinder entwickeln viele POSitive Verhaltensweisen. Sie werden geradezu dazu gezwungen, wenn sie nicht untergehen wollen. Gerade diese Eigenschaften sind heute bedeutungsvoller denn je zuvor:

- Einfühlungsvermögen
- Sensibilität für Menschen und Probleme
- Begeisterungsfähigkeit
- Beharrlichkeit im Durchsetzen von *sinnvollen* Zielen im Interesse aller Menschen
- Originalität und Fantasie zur Lösung menschlicher und fachlicher Probleme.

Wenn diese Verhaltensweisen in Familie und Schule gefördert und nicht behindert werden, wenn Fantasie wichtiger wird als Wissen, können sich auch POS-Kinder viel eher zu umfassend leistungsfähigen Menschen entwickeln. Wohlbefinden ist Voraussetzung für umfassende Leistungsfähigkeit in allen Lebensbereichen. Wie muss es denn in Familie und Schule aussehen, damit es allen Kindern wohl ist? Zunächst einige Überlegungen:

> «Irgendwie weiss die Natur immer, wann und wo sie einhalten muss. Noch grösser als das Mysterium des natürlichen Wachstums ist das Geheimnis seiner Begrenzung. Der Natur, ihrer Grösse, ihrer Schnelligkeit, ihrer Intensität wohnt ein Mass inne. Daraus folgt, dass das System der Natur, von dem der Mensch ein Teil ist, nach Selbstregulierung, nach Selbstreinigung trachtet. Mit der Technologie, genauer gesagt mit dem Menschen, der von Technik und Spezialisierung beherrscht wird, verhält es sich nicht so. Die technische Entwicklung kennt kein Prinzip der Selbstbegrenzung. Demzufolge verfügt sie nicht über dieselben ausgleichenden Kräfte wie die lebendige Natur.» («Atom-Poker», Jean Rossel, Bern 1977.)

Hier geht es um die Schicksalsfrage wert-volle Menschlichkeit oder angeblich wert-neutrale Technologie, um Entwicklung der menschlichen Möglichkeiten des Zusammenlebens und des Zusammenwirkens mit dem Ziel Lebensqualität für alle zu schaffen oder um einen unkontrollierbaren technologischen Fortschritt mit dem Ziel, den äusserlichen Lebensstandard für wenige Industrieländer und in diesen wiederum für wenige Bevorzugte zu erreichen. Wir verfolgen die mitmenschliche Linie, auf der die Fantasie als Folgeerscheinung einer schöpferischen Grundhaltung und damit als entscheidende menschliche Möglichkeit den Ausschlag gibt.

> «Wir umschreiben die Fantasie als nach Verhältnissen und Beziehungen zwischen den Dingen suchende geistige Tätigkeit, die Querverbindungen schafft und das Erkennen von Zusammenhängen ermöglicht. Die Fantasie verhilft dazu, ohne Spezialisierung (Fach- und Fächeridiotie) zuzuordnen.» («Das lebende Gehirn» W. G. Walter, München) *So bildet denn eine schöpferische Grundhaltung die Grundlage allen Seins und Zusammenseins.*

In der Schule haben wir gelernt, dass Fantasie dem Fortkommen abträglich ist. Als Lehrer werden wir dazu ausgebildet, angeblich wertfrei wissenschaftlich Curriccula – bescheidener ausgedrückt «Lehrpläne» – zu entwikkeln und die entsprechenden Unterrichtstechniken – bescheidener gesagt «Methoden» – anzuwenden unter dem Motto: «Meinfach, Meinfach über alles!» nach bekannter Melodie. Zur Verstärkung lernt man kursweise technische Hilfsmittel handhaben. Vom Fernseher über den Videorekorder und den Bildwerfer, der unwirkliche Bilder an die Wand wirft, über die Perfektionierung der Kontrolle durch das Tonband. Dazu meinte ein Kollege: «Technik macht am Anfang viel Laune, aber nachher hält sie nur auf.» Dennoch nicht ein Wort gegen die sorgfältige Anwendung aller dieser Hilfen als Lernhilfen im Interesse der Schüler. Viele Unterrichtstechniken können sich aber zwischen uns und die Schüler schieben. Die Schüler erleben uns nicht mehr als Menschen, sondern als Technologievermittler – bescheidener als Stundengeber. Und wir, die wir uns doch so Mühe geben, leicht zu verabreichende Speisen des Jahresmenüplans in kleinste Happen zerteilt, einzulöffeln, stossen auf verbissen geschlossene Münder. Vielleicht sind unsere Schüler weiser als wir. Sie haben sich vielleicht noch nicht abgewöhnt zu fragen, zu welchem menschlichen Zweck eigentlich z. B. acht Jahre Französich Grammatik und Orthographie dienen? Und wir belohnen *die* mit guten Noten, die sich ohne zu fragen oder zu widerstreben den Mund stopfen lassen. Wir sind begeistert, wenn es uns gelingt, einige Schliessfächer mit hohen Einlagen zu füllen:

»Noch en Kloss und noch en Kloss, viele Klösse machen gross und sieht man das nicht ein, so bleibt man eben klein.» (Jürgen Spohn)

Vor lauter Unterrichtstechnik und Raserei von Lektion zu Lektion, von Klasse zu Klasse, vermögen wir kaum mehr zu erkennen, dass wir da mit jungen, frischen Menschen zusammen sind, von denen *wir* vieles erfahren und lernen könnten.
Und so setzen wir denn einen Hemmungszirkel in Funktion. Der Schüler wird gemessen vornehmlich an seiner formal-intellektuellen Leistungsfähigkeit. Wer mit gutem Gedächtnis abfragbares Wissen unverzüglich wiederzugeben vermag, wird als «gut» beurteilt. Diese einseitige Bewertung spaltet die Person des Schülers wie ein Keil. Der praktische Sektor wird zuerst abgespaltet. Beziehungs-, Gefühls- und Körperbedürfnisse zählen nur am Rande, wenn sie nicht gar als störend empfunden werden. So wirkt die Schule subversiv-zerstörerisch:

In einer Körperbehindertenschule bereitet sich ein cerebralgelähmter Junge auf die Matur vor. Der Schulleiter berichtet: «Der Junge hat gute Fortschritte gemacht. Er konnte sich gut bewegen und sich in allen Belangen selbst helfen. Seit einem halben Jahr bereitet er sich intensiv auf die Matur vor. Er hat keine freie Zeit. Der Bewegungsraum ist auf Buchseiten beschränkt. Das Ergebnis ist fürchterlich. Er kann sich nicht mehr bewegen. Er kann sich nicht mehr helfen. Die Matur wird er zwar schaffen.» Was und wem nützt ein voller Kopf, wenn der Mensch daran zugrunde geht?

Nun wenden wir uns dem Ablaufzirkel zu. Wir gehen davon aus, dass ein Mensch seine Bedürfnisse in allen Lebensbereichen ins Spiel bringen muss, wenn er sich lebendig und leistungsfähig seiner selbst sicher entwickeln soll.

Körper: Gefühl, Beziehung, Praxis – Theorie

Massstab: Leistungs-, Lebens- und Lernfähigkeit in allen gleichwertigen Bereichen

Folge: ganzheitliche, integrierende, lebendige, dynamische, einfühlende, fantasievolle, einbeziehende, offene

demokratische Gesellschaft und solidarische Persönlichkeit

Denken ist ein sinnlicher Genuss! (B. Brecht)

Ablaufzirkel

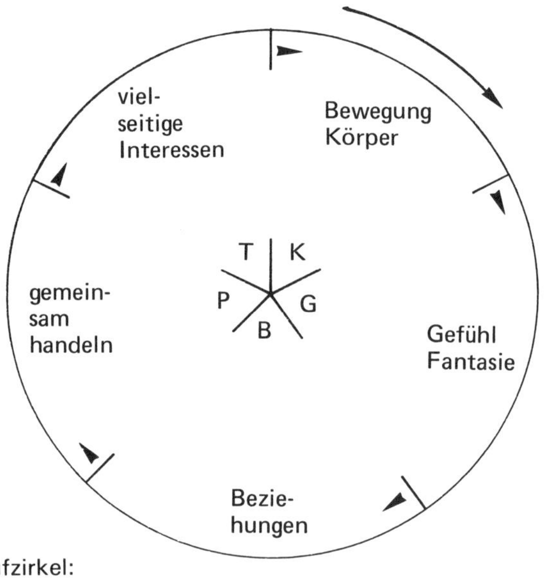

Zitate zum Ablaufzirkel:

Gemeinsames Wissen suchen, um es in den Dienst aller zu stellen. (P) (Barbiana)

Ich habe gelernt, dass das Problem der andern auch meins ist. Wenn wir es gemeinsam lösen, so ist das Politik. Löst man es für sich selbst, so ist das Geiz. Die Kinder der Armen kennen und die Politik lieben ist ein und dasselbe. Man kann nicht Geschöpfe lieben, die von ungerechten Gesetzen gebrandmarkt sind und nicht bessere Gesetze wollen. Wer die Geschöpfe liebt, denen es gut geht, bleibt unpolitisch. (P)
(Barbiana)

Der beste Mann ist der beste Mann in seiner Haut. (K) (Brecht)
(Die beste Frau ist die beste Frau in ihrer Haut.)

Wenn freie Gefühle erlaubt sind, wird der Geist schon für sich selbst sorgen. (G) (A. S. Neill)

Wer nicht geniesst ist ungeniessbar. (G) (Konstantin Wecker)

Wer interessiert ist ist interessant. (T)

Miteinander lernen macht frei. (B)

Fantasie ist wichtiger als Wissen. (G) (Albert Einstein)

Was nützt die Güte, wenn die Gütigen sogleich erschlagen werden oder es werden erschlagen die, zu denen sie gütig sind. Was nützt die Freiheit, wenn die Freien unter den Unfreien leben müssen. Was nützt die Vernunft, wenn die Unvernunft allein das Essen verschafft, das jeder benötigt. Anstatt nur gütig zu sein, bemüht Euch, einen Zustand zu schaffen, der die Güte ermöglicht und besser sie überflüssig macht. Anstatt nur frei zu sein, bemüht Euch einen Zustand zu schaffen, der alle befreit, auch die Liebe zur Freiheit überflüssig macht. Anstatt nur vernünftig zu sein, bemüht Euch einen Zustand zu schaffen, der die Unvernunft der Einzelnen zu einem schlechten Geschäft macht. (B) (Brecht)

Wir gehen dabei von der *körperlichen Leistungsfähigkeit* aus. Sie umfasst die Annahme der eigenen Körperlichkeit, Sinnlichkeit, Erotik und Bewegungslust. Sie drückt sich aus in Zärtlichkeit, Berührung und Zuneigung, in «Sympathie des Fleisches», die möglicherweise Sympathie des Geistes einschliesst (Christine Almark). Für den Unterricht heisst das: Freie Bewegungsräume, Gruppenunterricht, rhythmisierter Stunden- und Tagesablauf. Für die Familie bedeutet das: Alles, was körperliches Wohlbefinden verursacht, wird betont: Langsames Hineingleiten in den neuen Tag, freundliches Erwachen. Gutes gemeinsames Essen in gemütlicher Atmosphäre, Wechsel von Konzentration und Entspannung. Nach der Schule zunächst Spiel und Spass, Musikhören, usw. und erst dann Hausaufgaben. Bei hohen Leistungsanforderungen in der Schule nicht noch Musikstunden obendrauf. Am Wochenende nicht unbedingt Parforce-Skiprogramme, sondern eher genüssliches Faulenzen zuhause.

Gefühlsmässige Leistungsfähigkeit führt zum Erkennen eigener Bedürfnisse und der Bedürfnisse anderer, zu Sicherung und Wohlbefinden «in der eigenen Haut» (B. Brecht). Man lernt, zu sich zu stehen und seine Gefühle und Wünsche zu äussern. «Man muss sich nur wehren und die Fragen stellen, die die andern stören» (Grips-Theater). Erwartungsängste werden abgebaut. Unterrichtliche Voraussetzung ist Wohnstubenatmosphäre. In der Familie sollen neben körperlichen Bedürfnissen auch gefühlsmässige Bedürfnisse befriedigt werden können. Dazu braucht es eigentlich *wenig*: viel Zeit füreinander, viel Zuneigung, viel Zärtlichkeit, Zuhören und warten können. Da gibt's kein Problem, das nicht diskutiert werden darf: Weder Sex noch Einkommen und Vermögen von Vater und Mutter, weder eingeschliffenes Rollenverhalten von Papa und Mama noch erzwungener Gehorsam der Jungen. Kein Kind ist zu klein, überall dabei zu sein. Niemand beklage sich über mangelnde Anteilnahme, wenn er das nicht leisten will!

Die *soziale Leistungsfähigkeit* – eigentlich die bedeutsamste Fähigkeit des Beziehungswesens Mensch – setzt über Gespräche und gemeinsames, kritisches Überprüfen Entwicklungen in Gang, deren Ziele zukunftsoffen sind. Unterricht: Stets nur *ein* Arbeitsblatt, *einen* Lesetext, *ein* Rechenbuch für zwei oder mehr Schüler. Aufforderung zu mutigem Mittragen von Entwicklungen. Vertrauen in Prozesse stärken, so ungefähr nach Neill: »Wo freie Gefühle erlaubt sind, wird der Geist schon für sich selbst sorgen». Wie entsteht soziale Leistungsfähigkeit in der Familie? Viele gemeinsame Unternehmungen, abenteuerliche Velo-Zelttouren zum Beispiel. Allerdings darf zu solchen Unternehmungen niemand gezwungen werden. Auch nicht durch Erziehung. Erziehen kann man ohnehin nicht. Man kann nur so oder anders sein. (E. Lempp, Kinder für Anfänger, Zürich). POSitiv an POS-Kindern ist ja gerade, dass sie sich nicht erziehen lassen.

Praktische Leistungsfähigkeit wird erreicht durch gemeinsames Handeln und Üben. Dabei wird immer auch gemeinsam überprüft und überdacht. Die beste Praxis ist die reflektierte Praxis. Es geht darum, «gemeinsam Wissen zu suchen, um es in den Dienst aller zu stellen». «Die Schülerschule» (Die Schüler von Barbiana, Berlin 1970.) So wird der Prozess Praxis-Theorie-Praxis-Theorie angestossen («Wohlstand und Ordnung, zur Soziologie der Schweiz», Basel 1978). Wie kann die Familie dazu beitragen, dass die Kinder Arbeitshaltung, geistige Lebendigkeit und Leistungsfähigkeit entwikkeln können? Hier liegt der Schlüssel im Nichttun! Trennung von Familien- und Schulleben. Wenn die Schule freie Lebensräume anbietet, ist das kein Problem. Wenn die Schule aber Angst und Schrecken verbreitet, dann bleibt die Familie umso eher bei entlastender Freiheit. Freiheit heilt! Angst und Schrecken auch noch durch die Familie zu verstärken, ist wohl nicht sinnvoll.

Schüler und Lehrer, die in allen Lebensbereichen elementare Bedürfnisse stündlich, täglich wahrnehmen können, sind lebendig und frisch, weil miteinander leben und lernen Spass macht. Diese ganzheitliche Betrachtungs-

weise hat zur Folge, dass die Heranwachsenden in allen Lebensbereichen leben lernen und so ein gesundes Selbstwertgefühl entwickeln. Sie werden zu «integeren» Persönlichkeiten. Selbstbewusste Menschen können selbstverantwortlich entscheiden, wann und wo sie sich integrieren oder investieren wollen, aber auch, wann und wo sie sich gegenüber Zumutungen aller Art wehren müssen. So gesehen zeigt sich die allgemeine Integrationsdiskussion als reichlich nebensächlich. Ob Regelschule, Kleinklasse oder Heim spielt eigentlich keine so grosse Rolle. Wichtig ist: wo können wir für uns und andere positive Lebensgefühle und -sinn aufbauen?
Dies alles möglich zu machen, verlangt nach einer Schule, die Freiräume ohne Leistungsdruck und ohne Jahres-Lernziele anbietet; Der Kanton Basel-Stadt ist einer von 26 schweizerischen «Bundesländern» mit rund 200 000 Einwohnern. Jeder Schweizer Kanton hat ein eigenes Schulgesetz. Jedes kantonale Schulwesen ist demnach eigenständig aufgebaut. Basel kennt das Rektoratssystem; Die Schulen sind in Schulkreise aufgeteilt. 60 bis 80 Klassen werden je von einem Rektor und seinen administrativen Mitarbeitern verwaltet und beaufsichtigt (z. B. Primarschule Grossbasel-West, Holbeingymnasium), wobei die Klassen auf verschiedene Schulhäuser der Regelschulen des Schulkreises verteilt sein können. Allein die gegen 80 Kleinklassen sind auf etwa 30 Schulungsorte, wenn immer möglich in Schulhäusern der Regelschulen, verteilt. Die lokale Integration ist Voraussetzung für die soziale und wenn möglich auch unterrichtliche Integration. In einem Zeitraum von zwanzig Jahren haben sich aus den ehemaligen Hilfs- und Beobachtungsklassen der Staatsschule die Kleinklassen entwickelt. Sie bilden heute eine öffentliche Alternative zu den Primar-, Sekundar- und Realklassen der Regelschulen. So wurde auch im Schulgesetz – allerdings erst bei neu gestalteten Artikeln – die Bezeichnung «Sonderklassen» durch «Kleinklassen» abgelöst. Das «Sonder» signalisierte für Heranwachsende, Mütter und Väter vorwiegend Aussonderung, Ghettoisierung und nicht etwa «besondere» Hilfe, wie Behörden und Lehrer meinten. Nun hat aber nicht nur die Bezeichnung geändert. Wir gehen davon aus: Alle Menschen sind irgendwie behindert: bewegungsbehindert, gefühlsbehindert, beziehungsbehindert, leistungsbehindert, behindert im Erfassen von grossen und kleinen Zusammenhängen und Widersprüchen. Deshalb finden heute in den Kleinklassen alle Heranwachsenden persönliche und unterrichtliche Förderung, die in entsprechenden Abteilungen der Regelschulen zu wenig gefördert werden können und deshalb die Freude am Lernen und in der Folge oft auch am Leben verlieren könnten.
Wer in einem kranken Schulsystem mitkommt, muss irgendwie krank werden.

Basler Gymnasiasten sind nach 12 Schuljahren oft unbeholfen, ziellos, kaputt, ohne Selbstvertrauen und brauchen oft nochmals 10 Jahre Psychotherapie, damit sie wieder hochkommen.
Wer nicht mitkommt, will oder kann sich krankmachenden Lebens- und Lernbedingungen nicht beugen.
Er leistet Widerstand. Widerstand ist stets Zeichen von Selbständigkeit und Lebendigkeit. Nur tote Fische schwimmen mit dem Strom. Widerstand leisten können ist zudem Voraussetzung für die Entwicklung eines demokratischen Staatswesens.

Die neue Möglichkeit der persönlichen und unterrichtlichen Förderung der Heranwachsenden in den Kleinklassen erkennen auch immer mehr Mütter und Väter, die das Recht haben, ein Kind in einer Kleinklasse unterrichten zu lassen. (Neben der Grundausbildung haben die Kleinklassenlehrer eine zusätzliche universitäre Ausbildung in Heilpädagogik.) Eine zusätzliche Hilfe bilden mehr und mehr auch Kleinklassen in Tagesschulen mit Unterricht von Montag bis Freitag und gemeinsamem Mittagessen. In einzelnen Kleinklassen werden Heranwachsende, unabhängig von ihren Möglichkeiten und ihren praktischen und theoretischen Fähigkeiten gemeinsam unterrichtet (Einführungsklassen, *«Sunnegarte»*, Olsbergerweg 25, Tagesschule Niederholz). In den Vorschulgruppen werden entwicklungsgehemmte drei- bis siebenjährige Kinder aufgenommen. Wenn diese Kinder beim Schuleintritt in einer Einführungsklasse (Kleinklasse A, in der das Programm des 1. Primarschuljahres auf zwei Jahre verteilt wird) nicht weiter geschult werden können, stehen Kleinklassen (laut Invalidenversicherung, IV) des 1. bis 10. Schuljahres für schulbildungsfähige, praktischbildungsfähige oder gewöhnungsfähige Heranwachsende zur Verfügung.
Wenn die Heranwachsenden selbstbewusster und selbstsicherer geworden sind, können sie in die entsprechenden Abteilungen der andern Regelschulen wechseln. Spätestens nach dem 8. Schuljahr treten sie in eine der Berufswahlschulen des obligatorischen 9., resp. freiwilligen 10. Schuljahres ein. Berufswahlschulen gelten als Abteilungen der Regelschulen. Das unterrichtliche Angebot in den ersten 8 Schulpflichtjahren lässt sich folgendermassen darstellen:

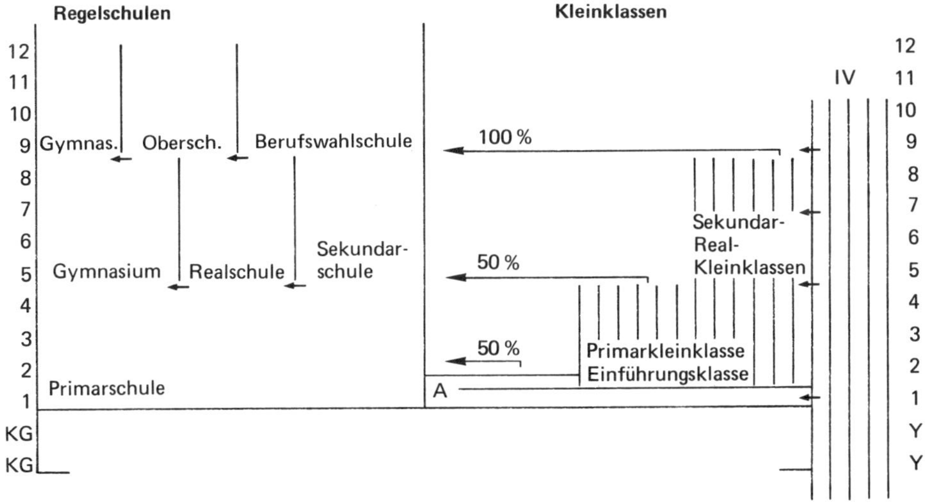

Selbstverwaltung

Der Bildungswissenschafter Hartmut von Hentig fasst unter Pädagogik Massnahmen zusammen, die unselbständigen Menschen helfen, selbständig zu werden. Voraussetzung dazu ist ein «erwachsener Erzogener» und ein unselbständiger Zögling. Das erwachsene Subjekt hilft dem unselbständigen Objekt. Der eine hat die Macht, der andere die Ohnmacht.
Den Heranwachsenden wird das Recht auf Selbstbestimmung nicht selbstverständlich zugestanden. Nicht zum vornherein wird die Gleichwertigkeit aller Beteiligten anerkannt. So trägt ein pädagogisches Verhältnis nicht unbedingt zur Befreiung der Persönlichkeit zu einem selbständigen und gleichberechtigten Subjekt bei. Erziehung als autoritäres Verhältnis bewirkt Unselbständigkeit.
Im Gegensatz dazu soll – wiederum nach Hartmut von Hentig – Politik heissen: «die gemeinsame bewegliche Regelung gemeinsamer Angelegenheiten unter Voraussetzung der Selbständigkeit der daran beteiligten Personen.» («Die Gleichberechtigung des Kindes» Braunmühl, Kupffer, Ostmeyer, Frankfurt/Main). Politik im Sinne von sich einsetzen für bessere Lebensmöglichkeiten aller Beteiligten kann geleistet werden zunächst *in kleinen Einheiten, in denen sozusagen wirtschaftliche, gesellschaftliche, soziale und persönliche Verhältnisse zusammenwirken: Familie, Schulklasse, Betriebsgruppe. In diesem Sinne ist jede Schulklasse als Lebens-, Arbeits- und*

Lerngemeinschaft zu betrachten. Diese Gemeinschaft ist situations- und prozessorientiert und schliesst somit das Ziel der Befreiung mit ein. «Miteinander lernen macht frei» (Felix Mattmüller, Basel).

Dezentralisation

Autoritäre Gesellschaften funktionieren nach dem Zentrum-Peripherie-Modell. (Völker hört die Zentrale!) Staat, Kirche, Armee sind Vertreter dieser Ansicht. Die Ausführung der Weisungen an die Peripherie muss durch das Zentrum kontrolliert werden können. Apparat und Bürokratie sind mächtig. Anders ist es beim Netzmodell. Kleine autonome Einheiten verwalten sich selbstverantwortlich. Heranwachsende, Lehrer (und Eltern) suchen miteinander nach «beweglichen Regelungen in aktuellen Situationen» und erfinden laufend neue Formen des Zusammenlebens und Zusammenwirkens im Interesse aller am Geschehen Beteiligten. Dementsprechend sind die gegen 80 Kleinklassen verteilt auf über 30 Schulungsorte in Kindergärten oder Schulhäusern der Regelschulen. Die Ansicht, geistig-, seh-, körperlich- oder anderswie behinderte Kinder könnten unter anderem wegen des Therapieangebotes nur in zentralisierten Sonderschulen genügend gefördert werden, hat sich nicht bestätigt. Hingegen konnte die alte Erfahrung *der mehrklassigen Dorfschule* mit ihren günstigen sozialen Bezügen wieder aufgenommen werden. Der einzige Nachteil, die eingeschränkte, begabungsadäquate unterrichtliche Förderung, kann durch ein verbreitertes Angebot an Betreuern und unterrichtlichen Möglichkeiten weitgehend aufgehoben werden. («Familiengruppen im Primarstufenunterricht» Lorna Ridgway, Irene Lawton, Darmstadt).

Frühförderung

Je früher die Heranwachsenden in autonomen Schuleinheiten aufgenommen werden können, desto günstiger sind die Aussichten. Durch gemeinsames Lernen werden neue Lebens-, Denk- und Arbeitsmöglichkeiten erschlossen. Der Nachholbedarf im Körper-, Gefühls- und Sozialbereich kann weitgehend gestillt werden. Eine günstige Zukunft kann aber auch auf jeder späteren Lebensstufe eröffnet werden, sofern lebendige Lebensgemeinschaften zur Verfügung stehen. Das heisst: Je früher, desto besser, und es ist nie zu spät!

Basler Schulutopie mit Praxiserfolg

Ein Beispiel von Marguerite Mamane

Wer nicht so ist, wie wir uns einen «der Norm» entsprechenden Menschen vorstellen, zum Beispiel ein POS-Kind, der ist meist für sein ganzes Leben gezeichnet. Das beginnt schon im frühesten Schulalter! Das Basler Rheinschulhaus ist wahrscheinlich den meisten von uns bekannt (vom Hörensagen her!) – und wer dort zur Schule ging, war ein «armes Rhydubeli».

Anderswo nannte man ein Kind, das gesondert unterrichtet wurde, «eins wo mit em Milchbüechli in d'Schuel goht» – weil es ein Tramkärtli um den Hals trug und fernab dem Wohnquartier zur Schule musste. Abgesonderte Schulhäuser also hier wie dort – als ob man Angst vor Ansteckung hätte, als müsste man befürchten, eine (sogar sehr oft vorübergehende) Lernbehinderung könnte den «normalen» Nachwuchs gefährden. Bis etwa 1965 ging man aber von festgefügten Ansichten aus: Schwache Schüler gehören in Hilfsklassen, Verhaltensgestörte in Beobachtungsklassen – allesamt gefördert (dies zweifelsohne) und betreut in einem gemeinsamen Schulhaus. Das Ghetto war perfekt. Nun ist's ja aber auf manchem Gebiet so, dass – was heute noch als alleinseligmachend gilt – morgen schon völlig veraltet ist. Und so hat der Gesinnungswandel den schwächeren Gliedern unserer «Gemeinschaftskette» gegenüber einen neuen Wind ins «Rhyschuelhus» gebracht: Er hat die Kinder in alle Richtungen «geblasen», respektive in die sich seit bald zwanzig Jahren bewährenden Kleinklassen. Lange Zeit hat man hierfür zwar den Ausdruck «Sonderklassen» gebraucht – gemeint «besondere» Hilfe, wurde aber wiederum als «Aussonderung» verstanden – weshalb nun auch im Schulgesetzt die alte Bezeichnung «Sonderklassen» durch die «Kleinklassen» abgelöst worden ist. Heute gibts' in Basel etwa 80 solcher Kleinklassen, die auf rund 30 Schulungsorte – nach Möglichkeit in Schulhäusern der andern Regelschulen – verteilt sind.

Integration als Voraussetzung

Die lokale «Integration» ist nämlich Voraussetzung für die soziale und wo möglich die unterrichtliche. Geändert hat sich aber nicht nur die Bezeichnung. Man geht heute auch ganz allgemein davon aus, dass alle Menschen irgendwie behindert sind; bewegungsbehindert, gefühlsbehindert, beziehungsbehindert, behindert im Erfassen von grossen und kleinen Zusammenhängen und Widersprüchen. Und mehr und mehr wurden Lernbedingungen und Verhaltensstörungen als Folgen oder Schädigungen einer einschränkenden und vorschreibenden Erziehung sowie einer krankmachenden Gesellschaft gesehen. Womit es sich also meist um Kinder handelt, die verhaltensgestört oder lernbehindert «gemacht» worden sind – eine echte «geistige Behinderung» eher selten ist. Deshalb finden heute in den Kleinklassen alle Heranwachsenden persönliche und unterrichtliche Förderung, die in entsprechenden «gewöhnlichen» Schulen (genannt Regelschulen) zu wenig gefördert werden können und deshalb die Freude am Lernen und in der Folge sehr oft auch am Leben verlieren. Die öffentliche «Alternative» umfasst Primar-, Sekundar- und Realklassen, die Lehrer haben ausserdem neben ihrer Grundausbildung zusätzlich eine Ausbildung in Heilpädagogik absolviert.

Nachholbedarf befriedigen!

So kommt es zum Beispiel immer wieder vor, dass ein Erstklässler anfangs nur eine halbe Stunde dem Unterricht folgen kann (und muss), um dann mit dem Lehrer zu spielen, zu teilen, sich mitzuteilen – der «Nachholbedarf» scheint oft unermesslich. Wenn aber die Bedürfnisse der Kinder befriedigt werden, dann haben sie es bald schon nicht mehr nötig, sich auffällig zu benehmen, sie werden friedlicher und damit auch lernbereiter, wissbegieriger. Durch die Nähe zu den Primarklassen der Regelschulen lassen sich ausserdem Übergänge gegenseitig mit Versuchswochen in Kleinklassen und Regelschulklassen günstig gestalten. Wegen Raummangels in einem Primarschulhaus läuft seit ein paar Jahren ein Versuch: Zwei Kleinklassen werden von zwei Lehrerinnen in «Team-teaching» in einem Klassenzimmer unterrichtet. Wir haben diese Klasse besucht.

Gemütliche Atmosphäre

Die Bänke stehen im Kreis, an der Wand hängen lustige Osterhasenbilder. Eine Mutter, die bereits schon einen ihrer Söhne in dieser Klasse hat, kommt mit dem «Noch-Häfelischüeler» auf Besuch, sie möchte, dass auch der jüngere hier unterrichtet wird.
Jetzt sitzen die Buben und Mädchen – Erst- bis Viertklässler – im Kreis beisammen. Die erste Viertelstunde dürfen sie Wichtiges, Spannendes erzählen («Bei uns hat's den Fernseher ‹verjagt›»). Jetzt können sie alles los werden, was ihnen auf dem Herzen liegt – später werden sie dann in Gruppen unterrichtet. Die Viertklässler sind aufgeregt, denn am nächsten Tag

geht's nach Kaiseraugst. Aufmerksam lauschen sie einer Geschichte, die auf das, was sie sehen werden, vorbereitet. Der einzige Erstklässler «büffelt» Rechnungen, drei Drittklässler vertiefen sich ins Lesebuch: «Jeder hat Angst» – lesen sie da, «Und wer keinen Freund hat? Was macht der? Er sagt; Der ist mit seiner Angst allein. Das ist schwer. Der kann mit niemand darüber sprechen. Jeder braucht einen Menschen, der ihn mag, der ihn liebhat, der ihm hilft, der mit ihm spricht, der ihm eine Freude macht.» – Das sind Worte, die gerade diese Kinder verstehen, denn auch sie brauchen oft zuerst einmal eine Person, der sie vertrauen können, einen Freund. Die beiden Lehrerinnen sind solche Vertrauenspersonen, die da und dort über einen Kopf streicheln, ein «Schutzbedürftiges» in die Arme schliessen, ein Wort des Lobes oder der Aufmunterung bereit haben. Eine der Lehrerinnen meint: «Wenn die Menschen das Kind nur wenigstens so oft streicheln würden, wie ihren Hund ...» Die seelischen Qualen, die gar manches in diesem Zimmer hat erdulden müssen, sind genauso schmerzhaft, wie körperliche – und auch sie hinterlassen ihre Narben.
Die Eidgenössische Kommission für Jugendfragen schreibt in ihren Thesen zu den Jugendunruhen: «Für die Entwicklung zur ausgeglichenen, selbständigen und gesellschaftsfähigen Persönlichkeit ist zweierlei notwendig: Einmal ein Klima der Wärme, der gefühlsmässigen Geborgenheit ...»
Es ist keine Seltenheit, dass Kinder in der Schulstube diesen Zustand erstmals kennenlernen. Ein zartes Mädchen, ein richtiges «Finettli», dem schon arg mitgespielt worden ist im Leben, das völlig aus der Bahn geworfen worden war, hat sich hier wieder aufgefangen, sich prima entwickelt. Und es kommt auch immer wieder vor, dass Kinder, die unansprechbar waren, sich plötzlich «öffneten» und der Übertritt in die Regelschule problemlos erfolgen konnte. Doch in den Kleinklassen geht es vor allen Dingen auch immer wieder darum, den Kindern, auch aus schwierigsten Elternhäusern, zu zeigen, dass es sich lohnt zu leben, erwachsen zu werden.
Das Basler Schulwesen hat somit (ganz im Stillen) in Praxis und Struktur Methoden und Modelle realisiert, die in der Öffentlichkeit noch immer als eher utopisch vermutet werden.

Eine Schule, die mit Erfolg POS-Kinder integrieren kann

von Hermann Höglhammer

Die Musische Schule wurde 1967 in Bern gegründet. Sie umfasst: Kindergarten, Primarschule und Sekundarschule.
Wie es bereits der Name ausdrückt, war eines der Anliegen, das zu dieser Schule führte, die Kopflastigkeit der meisten heutigen Schulen zu korrigieren und durch Gleichstellung von Intellekt und Kreativität eine Institution zu schaffen, welche die Fähigkeiten der jungen Menschen ausgewogen anspricht. Entsprechende Untersuchungen haben gezeigt, dass die Aufnahmekapazität junger Menschen viel höher liegt, wenn diese ganzheitlich und demnach natürlich gefordert werden.
Die heute viel diskutierten Überbelastungs- und Stresserscheinungen der Schüler sind oft keine echte Überlastung, sondern die Folge von einseitiger, kopflastiger Schulung. Nicht nur Intellekt, auch Gemüt und Kreativität erheben berechtigten Anspruch auf Betätigung und Schulung. Die Lernbereitschaft und Aufnahmefähigkeit der Schüler kann durch ausgewogene Fächerverteilung spürbar verbessert werden.
Ein weiteres Anliegen ist der individuelle Unterricht. Die Musische Schule versteht darunter nicht den Goodwill der Lehrer, sich jedem Kind persönlich anzunehmen, sondern ein durchdachtes Unterrichtssystem, wie es in der Integralen Pädagogik umschrieben ist, ein Schulmodell, das dem Lehrer die Voraussetzungen in die Hand gibt, unabhängig von allein persönlichem Geschick einen individuellen Unterricht durchzuführen.
Wenn versucht werden soll, die Grundanliegen dieser Schule auf den einfachsten Nenner zu bringen, so fallen drei Postulate in besonderem Masse ins Gewicht:

- Die Gleichstellung von Kreativität und Intellekt.
- Eine weitgehend individuelle Schulung gemessen am Aufnahmevermögen und Lerntempo der einzelnen Schüler.
- Eine ganzheitliche Schulung und Erziehung, die den jungen Menschen in seiner Gesamtheit erfasst und zu einer umfassenden Bildung, gleichzeitig mit einer Stärkung der ganzen Persönlichkeit, führt.

Oberflächlich betrachtet scheinen die Postulate nicht neu zu sein. Doch wer sich mit dieser Schule und ihrer Arbeit in der Praxis näher auseinandersetzt, stellt fest, dass durch die Verschiebung des Blickwinkels ein neues

Schulbewusstsein entstanden ist, das sich von den bisherigen Systemen grundlegend unterscheidet.
Die Schule folgt akkurat den Gedankengängen der modernen Kulturphilosophie, insbesondere den Darlegungen des Berner Kulturphilosophen J. Gebser und kann in der Folge als modern und zeitgerecht betrachtet werden. Sie integriert aber im Besonderen auch die wesentlichen Forderungen an die Schule im allgemeinen, wie sie in den letzten Jahren und Jahrzehnten immer deutlicher formuliert werden, in einem umfassenden Schulmodell. Darunter befinden sich auch Postulate, die bisher nur in Teilbereichen als Schulversuche anzutreffen sind.
Eine Darstellung des pädagogischen Modells und seiner philosophischen Hintergründe in seinen Einzelheiten würde den Rahmen dieses Beitrages sprengen. Es ist als «Integrale Pädagogik» von seinem Gründer formuliert worden, wurde in zahlreichen Vorträgen und ausführlichen Rundfunksendungen vorgestellt und ist insbesondere in Buchform jedermann zugänglich.

Insbesondere seien erwähnt:

- «Neue Schulperspektiven, kulturphilosophische Grundlagen, Theorie und Praxis der Integralen Pädagogik»
- «Integrale Pädagogik und ihre Modellschule, die Musische Schule Bern»
- «Musische Schule, Erstrebtes und Erreichtes»

Die drei Standardwerke sind im Verlag Panther Co. Ltd. (London), Bundesgasse 20, CH-3011 Bern lieferbar, können aber auch direkt von der Musischen Schule in Bern bezogen werden.

Bereits diese kurze Einführung lässt erkennen, dass die wesentlichen Unterschiede zu den heute bekannten Schulmodellen in der Methodik zu finden sind, also in der Art und Weise, wie die Lerninhalte an die Schüler herangebracht werden.
Besonders das Anliegen des individuellen Unterrichts, ein Begriff, der in den letzten Jahren fast Schlagwortcharakter angenommen hat, andererseits aber von jedem, der diesen Begriff in Anspruch nimmt, anders verstanden und ausgelegt wird, gibt zu vielen Spekulationen Anlass.
Einig scheint man sich darüber zu sein, dass dieses Postulat in einem derart komplexen Unterrichtssystem, wie es die öffentliche Schule darstellt, nicht zu verwirklichen sei. Gerade dies aber bestreitet die Integrale Pädagogik und führt den Beweis in den beiden ersten der eben genannten Bücher.
An dieser Stelle interessiert in erster Linie, wie die Ziele der Integralen Päd-

agogik an der Musischen Schule in Bern, die wohl als Modellschule dieser Pädagogik anzusprechen ist, angestrebt werden.
Am Beginn jedes Schulverhältnisses mit der Musischen Schule steht ein informierendes Gespräch zwischen dem betroffenen Schüler, dessen Eltern, und dem Schulleiter. Dies sei an einem Beispiel nach einem Protokoll dargestellt, Es sind nur Namen, Berufe und andere für den Inhalt unwesentliche Merkmale geändert, damit von Aussenstehenden die Beziehung zu dem besprochenen Fall nicht namentlich hergestellt werden kann.

... Familie Kurz war zu einem Imformationsgespräch angemeldet. René sollte die Schule wechseln. Der Vater ist Bauunternehmer, die Mutter hilft in der Buchhaltung. René ist 11 Jahre alt und besucht das 4. Schuljahr. Der Vater erzählt: René sei ihr grosser Stolz gewesen. Er sollte die Familientradition als einziger männlicher Erbe fortsetzen. Alles habe man für ihn getan. Man habe versucht, ihm ein gutes Vorbild zu sein. Der Vater betonte, dass er selber stolz darauf sei, in der Schule stets der Beste gewesen zu sein. Er sorge für eine strenge und konsequente Führung. Aber sein Sohn René sei faul, unkonzentriert, wehleidig, vorlaut und verbohrt. Seine Zensuren würden immer schlechter und nun stehe sogar bereits die Promotion in Gefahr. Er machte kein Hehl daraus, dass er seine Frau verantwortlich mache, weil sie zu nachgiebig und zu weichherzig sei. Er sei zwar dagegen, René in eine Privatschule zu schicken, aber seine Frau bestehe darauf. Nach seiner Meinung wäre mehr Strenge und Konsequenz eher am Platz. Mit Genugtuung betonte er, dass auch der Lehrer des Knaben derselben Meinung sei, nämlich dass der Wechsel in eine Privatschule nur eine Flucht vor den Problemen darstelle. Dieser habe empfohlen, die Klarinettestunden einzustellen und das Geld besser in Nachhilfeunterricht zu investieren, in denen René das Rechnen beigebracht würde. «Aber meine Frau soll selber erzählen, warum sie mich partout hierher geschleppt hat», meinte er mit einem vorwurfsvollen Seitenblick in ihre Richtung.
Inzwischen hatte ich mir René etwas genauer angesehen. Er war für sein Alter grossgewachsen, hatte einen hageren Knochenbau, zarte Hände und ein bleiches Gesicht. Sein Blick war zuerst auf seine feuchten, fest ineinander verkrampften Hände gerichtet. Die Augen glänzten feucht, er kämpfte mit den Tränen, die er mit mehr oder weniger Erfolg zu unterdrücken versuchte. Nach einiger Zeit wurde er unruhig und entdeckte plötzlich, dass der Stuhl, auf dem er sass, drehbar war. Nach einigen Versuchen hin und her zu schwingen, drehte er sich im Kreis und hatte Spass an dem so entstandenen Ringelspiel. Vom Vater zurechtgewiesen warf er mir einen verunsicherten Blick zu. Nun musterte er die Gegenstände auf dem Tisch und nahm schliesslich meine Agenda an sich, um darin zu blättern, bis die Mut-

ter ihm diese mit einem energischen Griff wegnahm und mit einer Entschuldigung wieder an ihren Platz legte.
René hatte gleichmässige Gesichtszüge, die Haare tief in die Stirne gekämmt. Es war leicht zu erkennen, dass er sich alle Mühe gab, seine Aufregung zu unterdrücken. Seine Physiognomie machte mir aber durchaus den Eindruck überdurchschnittlicher Intelligenz und die vom Vater immer wieder einmal eingestreute Bemerkung «Der könnte schon, wenn er wollte!» war auf den ersten Blick nicht von der Hand zu weisen.
Nach dem Monolog des Vaters, der mit verhaltener Leidenschaft, unterdrücktem Ärger, aber in betont sachlichem Ton vorgetragen war, warf ich der Mutter, die ihre Tränen weniger gut als René zurückhalten konnte, einen ermunternden Blick zu.
«Ich gebe mir ja alle Mühe, konsequent zu sein», seufzte sie. Schon beim ersten Satz fühlte man, die Frau gab sich einen Ruck zu sagen, was sie fühlte. «René war so ein lieber und guter Junge. Im Kindergarten war er beliebt und die Kindergärtnerin hatte nur gute Berichte. Auch in der ersten und zweiten Klasse ging es recht ordentlich. René ging gern zur Schule. Er war nur etwas zappelig und liess sich leicht ablenken. Dann kam er zu einem anderen Lehrer, und da änderte sich alles. Er wurde für Dinge bestraft, die er nicht begangen hatte. Ich habe mir Mühe gegeben, dem Lehrer die Stange zu halten, weil ja Schule und Eltern zusammenhalten müssen. Aber es hat mir sehr weh getan, wenn René vom Vater geohrfeigt wurde; als er Strafaufgaben heimbrachte, war ich doch überzeugt, dass diese ungerechtfertigt waren. Ich kenne René. Als er dann auch noch mit schlechten Noten heimkam, bekam er wieder Dresche und durfte oft ein ganzes Wochenende nicht aus dem Haus. Ich habe versucht, ihn anzuspornen und habe ihm jedesmal einen Franken gegeben, wenn er eine gute Zensur heimbrachte. Aber René gewann keine Beziehung zum neuen Lehrer. Täglich gab es eine Tragödie, wenn er in die Schule gehen musste. Fast jeden Morgen klagte er über Kopf- und Bauchschmerzen. Ich glaubte ja anfangs auch, dass er simuliere, um nicht in die Schule gehen zu müssen. Vor einem halben Jahr ging ich dann mit ihm zum Arzt. Dieser stellte aber eine Blinddarmreizung fest: er wurde operiert. Trotzdem wurde es aber nicht besser. Seit einigen Monaten wurde er nun auch noch Bettnässer. Der Arzt riet uns, einen Psychologen zu konsultieren. Mein Mann war strikte dagegen. Als sich aber die Situation zusehends verschlechterte, suchte ich mit René ohne Vaters Wissen den Schulpsychologen auf. Dieser versicherte mir, dass René eine überdurchschnittliche Intelligenz habe. Sein Schulversagen müsse also andere Ursachen haben. Nach einem eingehenden Gespräch äusserte er die Vermutung, dass René ein psychoorganisches Syndrom habe.»
«Unfug!» warf Herr Kurz ein, «faul ist er und verwöhnt!»

«Der Psychologe riet mir zu einer eingehenden Abklärung, aber mein Mann ist immer noch dagegen», setzte Frau Kurz ihr Gespräch fort. Eine Freundin hat mir dann von Ihrer Schule berichtet. Ihre Tochter ist bei ihnen so glücklich, und da dachte ich, vielleicht wäre es das Beste ...» Das Ehepaar wechselte einen Blick und die Frau unterbrach den Satz.
Einige Augenblicke war es still. «Und Du, René», forderte ich den Knaben auf, «was sagst Du dazu?» – «Nüt,» war die lakonische Antwort. Er biss die Zähne aufeinander und schluckte. Er schluckte Scham, Ärger, Angst und Tränen. Noch bevor jemand reagieren konnte, warf er den Aschenbecher mit einer Handbewegung vom Tisch und fixierte mich mit der gestellten Pose eines Siegers. Ich hatte grosse Mühe, das nun hereinbrechende Donnerwetter zu beschwichtigen.
Es brauchte kein grosses psychologisches Geschick, um diese Situation zu überschauen. Unverhohlen analysierte ich den Fall und brachte zum Ausdruck, dass all das, was der Vater vorbrachte, Symptome ernstzunehmender seelischer Störungen seien, und zwar so gravierende, dass sie sich bereits in physischen Krankheitsbildern Ausdruck verschafften, wie aus den Schilderungen der Mutter zu erkennen war. Wenn nun René auch noch Bettnässer wurde, so trifft wohl das in ein Sprichwort geformte Bild nirgends besser zu: «Die Seele weint».
Den vom Schulpsychologen geäusserten Verdacht auf ein POS, der nicht von der Hand zu weisen war, liess ich bei diesem Gespräch absichtlich ausser Acht, war mir doch die Einstellung des Vaters bekannt. Es schien mir vordringlich, für dieses Kind äussere Bedingungen zu schaffen, die es möglich machten, seinen schwer angeschlagenen seelischen Gesundheitszustand ins Gleichgewicht zu bringen. Dies war Voraussetzung, die rückläufigen Schulleistungen und die anderen beanstandeten Fehlleistungen wieder zu korrigieren. Durch ein Eingehen auf die Diagnose des Psychologen hätte ich mit Sicherheit den Widerstand des Vaters verstärkt und so dem Kind, um das es schliesslich ging, keinen guten Dienst erwiesen.
Ich schlug daher vor, René einen Ausweg aus der verfahrenen Situation zu ermöglichen und ihm eine Chance zu einem Neubeginn zu geben. Er könne an unserer Schule in die Klasse eintreten, die seinem Alter entspricht. Da er im Rechnen und, wie sich weiter herausstellte, im Deutsch Schwierigkeiten hatte, schlug ich vor, den Unterricht in diesen beiden Fächern durch einen intensiven, auf ihn persönlich zugeschnittenen Unterricht in einer Gruppe von etwa 5 Schülern zu ersetzen. Auf diese Weise könnte er Lücken aufholen und auf seine besondere Situation könne voll und ganz Rücksicht genommen werden. – Auf diese Abteilung, die wir Lerngruppenstudio nennen, soll später näher eingetreten werden. – Obwohl es mir nicht gelang, Skepsis und Vorurteil des Vaters gegenüber der Privatschule zu zerstreuen,

stimmte er einer probeweisen Umschulung für ein Jahr zu, um, wie er sich ausdrückte, sich nicht nachsagen lassen zu müssen, er habe für seinen Sohn nicht alles getan.
Mir war klar, dass es kaum möglich sein konnte, in einem Jahr die schweren psychischen Störungen zu beheben und gleichzeitig optimale Leistungen, die der Vater in erster Linie erwartete, zu erreichen. War doch eine Leistungsverbesserung erst nach dem Erreichen einer seelischen Beruhigung zu erwarten. Doch glaubte ich, soweit greifbare Ergebnisse erreichen zu können, dass die Situation auch für Laien ersichtlich würde. Dies schien mir den Versuch wert zu sein, würde es doch auf alle Fälle für René spürbare Erleichterungen bringen . . . (soweit aus dem Aufnahmegespräch).

Mit Absicht wählte ich kein spektakuläres Beispiel, sondern ein alltägliches. Eines, das vielfach vorkommt, eine Alltagsgeschichte. Weder dem Vater noch der Mutter lassen sich gravierende Fehler ankreiden. Am ehesten noch der Schule, die als Fachinstitution eine Fehlentwicklung rechtzeitig erkennen müsste. Aber das Zusammenwirken verschiedener Faktoren, wenn sie nicht ausgewogen sind, kann zu einem derart schweren psychischen Krankheitsbild führen. Ein autoritärer Lehrer, ein wohlmeinender Vater, der sich in seinem Sohn übertreffen möchte, ein sensibles, kreatives Kind, das den Vater nicht enttäuschen möchte, aber sich in einer rein intellektuell ausgerichteten Schule nicht bestätigt findet, eine Mutter, die als einzige noch gesunden Instinkt walten lässt, aber in ihrer Verunsicherung sich nicht behaupten kann und deshalb mit fragwürdigen Mitteln gegensteuert. Übrig bleibt ein verzweifelter René, der den Glauben an sich selbst verloren hat, gestresst von der eigenen Überzeugung, dass er die in ihn gesetzten Erwartungen nicht erfüllen könne, ein gebrochener Wille, ein Kind, unverstanden und alleingelassen mit seinen Problemen. Zudem weist alles darauf hin, dass es mit einem POS zu leben hat, das offenbar nicht einmal zur Kenntnis genommen wird.
Mit solchen Informationsgesprächen wird die Grundrichtung für die beginnende Schulung an der Musischen Schule festgelegt.
Über das Gespräch werden die betroffenen Lehrer eingehend orientiert. In der Folge ist es in erster Linie Aufgabe des Klassenlehrers, gute und vertrauliche Beziehungen zum neuen Schüler herzustellen und die Voraussetzungen zu schaffen, dass er auch von seinen Klassenkameraden gut aufgenommen wird. Begabungen und Schwächen werden ermittelt und schliesslich wird in der wöchentlichen Konferenz mit allen beteiligten Lehrern die Marschrichtung und das Programm festgelegt.
Grundsätzlich wird auf die statistischen Werte der Bildungszeiten verzichtet und auf das tatsächliche Niveau und Lerntempo fachspezifisch abge-

stellt. Dies zieht einen vermehrten Gruppenunterricht in jeder Klasse nach sich, damit jedes Kind seinem Aufnahmevermögen gemäss unterrichtet werden kann. Da Primar- und Sekundarschüler grundsätzlich zusammen unterrichtet werden, ist ein Gruppenunterricht zum vornherein unumgänglich. Findet ein Schüler in seiner Klasse keine Gruppe, die seinem Niveau gerecht wird, sei es, weil er in diesem Fach seine Kameraden überflügelt hat oder zu weit nachhinkt, kann er in dem betreffenden Fach den Unterricht in einer anderen Klasse besuchen. So können Über- und Unterforderung ausgeschaltet und Repetitionen überflüssig gemacht werden. Die soziale Nahgemeinschaft, die Klassenzugehörigkeit bleibt dieselbe.
Das Einbringen kreativer Elemente in den Unterricht und zusätzliche Wahlfachprogramme im kreativen und im intellektuellen Bereich kommen den Interessen und Begabungen des Schülers entgegen.
Eine ausgewogene Aufstellung der Stundenpläne wie eine gebührende Abwechslung zwischen intellektuell und kreativ betonten Fächern fördern die Konzentrations- und Aufnahmefähigkeit.
Die Lehrpläne bilden zwar die Grundlage für die Wissenserarbeitung. Der Unterricht orientiert sich aber in erster Linie an der Konstellation der Schüler. Nur Grundwissen und ihr individuelles Lerntempo sind massgeblich für den Unterricht, nicht ein fiktives Mass, das sich strikte an statistischen Werten der Bildungszeiten und an fixen Lehrplänen orientiert. Dies erlaubt begabten Schülern in ihren starken Bereichen die Lehrziele des Lehrplanes, der trotz aller Flexibilität der Schule Grundlage bildet, früher zu erreichen bzw. zu überschreiten. Schwächeren Schülern oder Schülern mit spezifischen Schwächen erlaubt dies, ein langsameres und gründlicheres Arbeiten in den Fachbereichen, die Schüler sonst überfordern würden.
Auf diese Weise können Über- und Unterforderung weitgehend vermieden werden. Die Schüler haben mehr Erfolgserlebnisse, die wiederum die Motivation steigern. Repetition, die ja selten den erwarteten Erfolg bringt, vor allem, wenn sie aus Gründen partieller Leistungsstörungen und nicht wegen eines allgemeinen Entwicklungsunterschiedes zu den Kameraden vorgenommen wird, wird überflüssig, da jeder Schüler in jedem Fach seinen Fähigkeiten und seinem Tempo entsprechend unterrichtet werden kann.

Was an dieser Stelle besonders interessiert, ist, wie sich hyperaktive Kinder, d.h. Kinder mit einem sogenannten POS in dieser Schule zurechtfinden.
Das Beispiel René wurde nicht ganz zufällig gewählt. Es zeigt verschiedene Aspekte, welche in diesem Zusammenhang wichtig erscheinen. Es muss hier allerdings betont werden, dass POS-Kinder in den Klassen der Mu-

sischen Schule nicht die Regel, sondern die Ausnahme sind. In einer Klasse von 15 bis 18 Schülern sind je nach Zusammensetzung der Klasse nicht mehr als 1 bis 3 POS-Kinder zu vertreten, muss doch für alle ein reibungsloser und sinnvoller Unterricht sichergestellt sein. Und POS-Kinder müssen innerhalb der regulären Klassen so geführt werden können, dass sie nicht, wie dies sonst üblich zu sein scheint, aus dem Rahmen fallen. Wichtig ist auch die Feststellung, dass POS-Kinder mit geringen Ausnahmen, die noch zu besprechen sind, genau gleich behandelt werden, wie alle anderen Kinder.

Aus verständlichen Gründen suchen Eltern von POS-Kindern in vermehrtem Masse nach Alternativen, da gerade diese Schüler Problemen und Misserfolgen in vermehrtem Masse ausgesetzt sind. Dies bedingt, dass wir seit der Gründung der Schule mit solchen Kindern zu tun haben, auch wenn damals der Ausdruck Psychoorganisches Syndrom, zumindest für uns Lehrer, kein Begriff war. Dies spielt aber eine kleine Rolle, da wir bei jedem Kind versuchen, die spezifischen Eigenheiten und Reaktionen zu erforschen, um die beste Methode herauszufinden, diesen Symptomen zu begegnen.

Da kaum zwei POS-Kinder gleiche Krankheitsbilder aufweisen und auf dieselbe Art ansprechbar sind, hat sich trotz der heute beträchtlichen Literatur an der Methodik und Didaktik gegenüber diesen Kindern kaum viel geändert. Der hauptsächliche Unterschied besteht darin, dass diese vielfältigen Krankheitsbilder heute einen Namen haben.

Dies hat aber nicht nur Vorteile, sondern auch Nachteile. Denn trotz aller Aufklärung gibt es auch heute noch sehr viele Eltern, die nicht wahrhaben wollen, dass ihr Kind krank ist, wie das vorangestellte Beispiel deutlich zeigt. Diese Eltern sind meist ohne weiteres bereit, allgemeine schulische Massnahmen in Kauf zu nehmen, wehren sich aber vehement gegen alles, hinter dem sie vermuten, dass es irgendwelche Massnahme sei, die für Kinder mit bestimmten Krankheitsbildern anwendbar ist.

Dies wiederum hat uns bewogen, alle Abteilungn so zu benennen, dass Ziele wie *Sonder*-Behandlung daraus kaum ablesbar sind. Auch haben wir keine Abteilungen geschaffen, die nur Behinderten zugänglich wären. Sie sollten mit allen anderen normalbegabten Kindern – ich verstehe darunter einen IQ von etwa 90 oder mehr, und da fällt ja das POS normalerweise darunter – in einer nicht selektierten Umgebung leben und geschult werden können.

Da aber bei den Kindern der Gerechtigkeitssinn stark ausgeprägt ist und unterschiedliche Behandlung von Schülern in einer Klasse im allgemeinen auf wenig Gegenliebe stösst und zu Konflikten führen muss, haben wir aufgrund unserer Erfahrungen ein besonderes Vorgehen entwickelt.

Zunächst wird jedes Kind in eine Klasse eingeteilt, die seiner Entwicklung und seiner Vorbildung entspricht. Diese Klasse bleibt dann im allgemeinen die soziale Nahgemeinschaft, die «home class», für den Rest der Schulzeit.
Nun versuchen wir zu verhindern, dass besondere Konfliktsituationen gar nicht erst entstehen, welche die negativen Symptome, beispielsweise ein POS, zum Tragen bringen. Wenig Gefahr besteht im allgemeinen in Fächern, in denen der betreffende Schüler stark ist oder die ihm zumindest wenig Mühe bereiten.
Da aber spezifische Schwächen gerade beim POS-Kind sehr häufig zum Erscheinungsbild gehören, wurden für verschiedene Fächer, die diesbezüglich ins Gewicht fallen, Lerngruppen gebildet. Hier werden 4 bis 6 Schüler von einer Lehrkraft mit heilpädagogischer Ausbildung oder von erfahrenen Psychologen unterrichtet. Diese Lernsituation erlaubt, in einem bestimmten Fach für jeden Schüler ein ganz spezifisches Programm zu bearbeiten, das dem Leistungsvermögen und Lerntempo des Einzelnen angepasst ist.
Diese Lerngruppen werden parallel zum entsprechenden Fachunterricht geführt. So kann jeder Schüler in seinen Problemfächern die Klasse verlassen und dem Unterricht in seiner Lerngruppe folgen. Solchermassen war auch die Sonderbehandlung in unserem Beispiel René gemeint.
Da solche Lerngruppen auch für Überbegabte zum Erreichen höherer Lernziele besucht werden, wird dies nicht als Skandalon angesehen oder mit Skepsis angenommen, sondern als etwas ganz Normales. Die Programme, welche in den verschiedenen Lerngruppen durchgearbeitet werden, sind den übrigen Schülern kaum bekannt. Die Schüler fühlen sich in den Lerngruppen sehr wohl, und der Unterricht in den Klassen wird auf diese Art nicht behindert. Die Klassenkameradschaft kann sich frei entfalten, und die Schüler haben nicht das Trauma, in einer Sonderklasse zu sein. Und doch besuchen solche Schüler in der Unterstufe bis zu einem Drittel, später bis zu einem Viertel des Unterrichts in einer ganz individuellen und psychologisch betreuten Atmosphäre. So entstehen kaum Reibungsflächen, Konflikte werden grösstenteils vermieden und kommen kaum zum Tragen.
Ein Privileg geniessen die meisten Kinder, die ein POS oder Epilepsie haben. Sie dürfen, sobald sie merken, dass sie durch eine Übererregung einem Konflikt nahe sind, das Schulzimmer ohne weiteres verlassen und sich beim Schulleiter oder einer anderen Kontaktperson in der Schule aussprechen. An der Oberstufe dürfen sie, um sich in solchen Situationen zu beruhigen, eine Runde auf dem Pausenplatz machen. Dies mag unkonventionell sein, wirkt aber oft Wunder.
Bedeutend scheint mir auch eine allgemein gültige Seite unserer Schule sich gerade für POS-Kinder auszuwirken. Wir versuchen, die besonderen Stärken der einzelnen Kinder herauszufinden, sei es auf intellektuellem

oder kreativem Bereich, und diese dann in besonderem Masse zu fördern. Solches geschieht hauptsächlich in Wahlfächern.
So können Kinder im Zeichnen, Malen, Formen, Tanzen, Musizieren und Singen ihre Fähigkeiten zeigen. Auf diese Weise kommen auch Kinder, die in den Schulfächern Probleme haben, vermehrt zu Erfolgserlebnissen. Nichts kann aufbauender wirken als der Erfolg, und es ist sekundär, auf welchem Gebiet die Erfolgserlebnisse eintreten. Sie schlagen auf jeden Fall auf die Gesamtpersönlichkeit durch. Dies trifft, wie bereits erwähnt, für jedes Kind zu, aber nach unseren Erfahrungen, in einem aussergewöhnlichen Masse für POS-Kinder.
Die Schüler gewöhnen sich sehr rasch an diese für sie meist neue Situation, und im allgemeinen sind diese Schüler nach einem oder zwei Jahren in ihrem Verhalten kaum mehr von den anderen zu unterscheiden.
Diese Lernsituation ist von der IV anerkannt, und diese verständlicherweise kostenintensive Schulung in Kleinstgruppen wird von der IV bezahlt. Darüberhinaus wird auch ein Teil des Restschulgeldes übernommen. Trotzdem bleibt ein Elternbeitrag zu bezahlen, der viele Eltern abschreckt, diese Schulung zu wählen, obwohl die Erfolge den Vorteil dieser Lernsituation belegen.
Leider gibt es auch bei uns Fälle, bei denen wir keinen Erfolg haben. Das tritt im allgemeinen dann ein, wenn Eltern unsere Methoden nicht mittragen, die aus falschem Stolz die Probleme nicht wahrhaben und die Symptome mit Gewalt brechen wollen. Mehr Probleme zeigen sich, wenn Eltern sich anhand vom Büchern oder Vorträgen ein Halbwissen angeeignet haben und alles besser wissen, jedes Krankheitssymptom bestens zu kennen glauben, und jede Massnahme zu verhindern suchen, wenn sie nicht exakt ihren Vorstellungen entspricht. Diese Leute haben für alles und jedes ein schablonenhaftes Mittel und kritisieren in den Schulheften der Kinder die Handlungsweise der Lehrer und unterbreiten Korrekturvorschläge. Dies ist glücklicherweise selten, aber es führt, wenn Gespräche nicht Abhilfe schaffen, zu einer Auflösung des Schulverhältnisse.

Lassen Sie mich den weiteren Verlauf unserer Erfahrungen mit René schildern.
Er wurde, wie besprochen, eingeschult und besuchte in Rechnen und Deutsch das Lerngruppenstudio. Bald erkannten wir auch seine besonderen Begabungen im Zeichnen und den Realfächern sowie seine Liebe zur Musik, insbesondere zu seiner Klarinette. Er spielte im Schulorchester mit und seine Vorträge, vor allem in Biologie, die er mit immer überraschenden Tafelbildern zierte, machten ihn nicht nur beliebt bei den Kameraden und Lehrern, sonder gaben ihm sein gebrochenes Selbstvertrauen wieder. Sei-

ne Schwäche in Sprache entpuppte sich als Legasthenie, die ihm auch im Französisch zu schaffen machte. Seine Eltern stimmten einer Therapie zu. Aber zu einer perfekten Rechtschreibung reichte es nicht mehr. Im Rechnen erreichte er das Lehrziel mit ordentlichen Leistungen. Der Verdacht auf das POS hatte sich bestätigt. Als René nach einem Jahr durch seine Fortschritte das Vertrauen wiedergewonnen hatte, konnten auch darüber Gespräche geführt werden, und eine eingehende gehirnorganische Untersuchung bestätigte ein leichtes POS, das aber in der Folge kaum je zu nennenswerten Problemen führte. Sein Vater beschloss, ihn während der ganzen Schulzeit an der Musischen Schule zu belassen.
Nach dem Sekundarabschluss machte er eine Lehre als Maschinenzeichner, die er mit Erfolg abschloss. Sein liebstes Hobby ist noch heute die Musik und insbesondere seine Klarinette.

An dieser Stelle möchte ich nicht versäumen, allen Ärzten und Psychologen zu danken, die uns in all den Jahren kooperativ und beratend zur Seite standen. Solche Kooperation, gerade im Zusammenhang mit der Dosierung von Medikamenten, Hinweise auf wichtige Reaktionen und Verhaltensmöglichkeiten helfen der Schule und letztlich den betroffenen Kindern sehr, rascher und effektiver die gesteckten Ziele zu erreichen.
Einer Tatsache aber müssen wir uns alle voll bewusst sein: Eine Integrale Schule ist in einem weit höheren Masse auf die Qualität ihrer Lehrer angewiesen als eine Schule des traditionellen Stils, soll sie ihre Vorhaben mit allen Konsquenzen durchführen. Sie ist angewiesen auf Lehrerpersönlichkeiten, die nicht nur ihr Handwerk beherrschen, sondern die sich aus dem Verstehen der philosophischen Grundlage der Schule mit der Idee identifizieren können. Die Lehrer müssen in der Lage sein, in künstlerischer Subtilität mit viel Fach- und Menschenkenntnis die jungen Menschen zu führen. Es geht hier nicht um Lehrstoffvermittlung nach Schema X. Hier geht es darum, Unterricht aus der Situation zu machen. Wohldurchdachte Stoff- und Arbeitspläne sind eine wichtige Grundlage, die den Lehrer in die Lage versetzen, bei aller notwendigen Spontaneität und bei allem Improvisationsvermögen eine klare Linie zu wahren und der Arbeit ein festes Gefüge zu geben. Eine absolute Überlegenheit im stofflichen und methodischen Bereich muss gepaart sein mit einer starken Persönlichkeit, die geprägt ist von Humanität, Liebe zur pädagogischen Arbeit, Drang zum Forschen und einer sicheren und unbestechlichen Menschenkenntnis.
Der Unterricht sollte aus den Bedürfnissen und Interessen der Schüler herauswachsen. Aber er muss vom Lehrer mit überlegener Sicherheit geführt sein.

Sowohl ein «autoritärer» wie auch der «laisser-faire» Führungsstil sind zum vornherein zum Scheitern verurteilt. Der richtige Führungsstil für die Integrale Schule kann nur aus dem «integrativen Führungsstil» kommen, um bei der Begrifflichkeit von Frau Lotte Schenk-Danzinger zu bleiben.

Der Lehrer muss in der Lage sein, die Kooperation der Schüler zu pflegen, Klassendisziplin, Ordnungsprinzipien und Spielregeln der Eigenverantwortung den Schülern zu überbinden, Eigeninitiative durch Diskussion und Wahlfreiheit zu entwickeln, aber gleichzeitig durch geschickte Korrektur und Lenkung für Sachlichkeit, speditive Arbeit und korrekte Durchführung der aufgestellten Ordnungs- und Disziplinarregeln zu sorgen. Er hat darauf zu achten, dass Diskussionen im Unterricht nicht um des Diskutierens willen stattfinden, sondern dass sie sach- und zielbezogen speditiv gelenkt werden. Er muss in der Lage sein, darüber zu wachen, dass die Spielregeln des täglichen Lebens, wie Höflichkeit, Korrektheit, Anstand usw. eingehalten werden.

Starke Persönlichkeiten werden nicht geboren, sie wachsen aus der Erfahrung im Wechselspiel mit der Umwelt. Kinder verbringen einen wesentlichen Teil des Tages in der Schule. So ist ohne weiteres zu erkennen, dass der Dialog der Schule zwischen Lehrer und Schüler ebenso wie zwischen den Schülern untereinander die werdende Persönlichkeit weitgehend prägen.

Das Sprichwort «Sage mir, mit wem du umgehst und ich sage dir, wer du bist», hat immer noch seine Gültigkeit. Persönlichkeitsbildung ist ein Faktor, der alle Aktivitäten in der Schule wie ein roter Faden durchzieht. Das Modell der Integralen Schule gibt dem Lehrer die Voraussetzung und das Arbeitsfeld für eine konstruktive und zeitgerechte Arbeit. Die Schule aber ist ihrerseits angewiesen auf das Können, die Persönlichkeit und den Einsatz ihrer Lehrer.

Diese Darstellung einer Schule wäre aber unvollständig, würde sie nicht auch die Eltern mit einbeziehen. Wenn auch die Schule einen grossen Teil der Verantwortung für das Gedeihen ihrer Zöglinge trägt, so ist sie doch weitgehend angewiesen auf die Kooperationsbereitschaft der Eltern.

Unsere Erfahrungen haben gezeigt, dass Elternabende und auch Diskussionsrunden, wie sie vielerorts üblich sind, sich für eine Schule, die den individuellen Unterricht auf ihre Fahnen schreibt, wenig brauchbare Resultate bringen.

Persönliche Gespräche zwischen den Eltern und Lehrer sind für eine optimale Schul- und Erziehungsarbeit unumgänglich. Das Mehr an investierter Zeit ist im Vergleich mit den zu erwartenden Ergebnissen unbedingt eine lohnende Investition.

Bis heute gibt es die Integrale Schule nur als Privatschule. Eltern, die sich entschliessen, ihre Kinder an einer Integralen Schule zu bilden, müssen leider in Kauf nehmen, auch die damit verbundene finanzielle Last zu tragen.
Es braucht demnach doch handfeste Motivationsgründe, wenn Eltern ihre Kinder aus der öffentlichen Schule nehmen, die sie nichts kostet, und in eine Privatschule schicken. Allein die Tatsache, dass die Musische Schule in Bern ohne weiteres seit ihrer Gründung 1967 ihre Klassen rekrutiert, spricht für ihre Qualität, da nur hohe Qualität und grosse Erziehungsvorteile einen genügenden Motivationsgrund für Eltern darstellen können, ihre Kinder in diesem Sinne und unter diesen Umständen zu schulen und die finanziellen Opfer auf sich zu nehmen.
Diese Tatsache allein scheint bereits ein Garant dafür zu sein, dass auch mit einem gewissen Mass an Kooperationsbereitschaft zu rechnen ist. Wer bezahlt, darf auch etwas erwarten. So ist auch mit einer gesunden Kritik von seiten der Elternschaft zu rechnen.
Wir glauben, dass es allein der besonderen Unterrichtsqualität und dem daraus resultierenden Lernerfolg zuzuschreiben ist, dass diese Schule trotz der grossen finanziellen Opfer, die die Eltern zu erbringen haben, nie zu einer Standesschule wurde, sondern eine echte Volksschule blieb, deren Schülerschaft sich wie jede öffentliche Schule aus allen Volksschichten rekrutiert.

Ehemalige POS-Kinder in der Berufsausbildung

von Kurt Grolimund

Im Jahre 1917 wurde auf private Initiative hin der Verein für Jugendfürsorge gegründet. In den Jahren 1923/24 wurde das Erziehungsheim mit den vier Ausbildungsstätten, Gärtnerei, Schuhmacherei, Schreinerei und Mechanische Werkstätte eröffnet.
Damals lautete der Auftrag an das Erziehungsheim mit seinen Werkstätten: Nacherziehung von schulentlassenenen männlichen Jugendlichen, die grossenteils infolge ungünstiger Familienverhältnisse in Schwierigkeiten geraten sind und einer besonderen Fürsorge bedürfen.
Die Devise lautete: Wenn irgendwie möglich, für jeden eine Berufsausbildung!

Ende März 1980 wurde die Erziehungsabteilung geschlossen. Seit 1. April 1980 stellt der Verein für Jugendfürsorge seine drei Lehrbetriebe, das sind die Gärtnerei, Schreinerei und die Mechanische Werkstätte (Lehrwerkstätten Basler Jugendheim (LBJ)) folgenden Gruppen von in Basel-Stadt wohnhaften Jugendlichen zur Verfügung:

- Jugendliche mit lückenhafter Schulbildung
- Jugendliche mit unausgewogener Schulbildung
- Jugendliche in schwierigen persönlichen Verhältnissen (soziale Situation, Entwicklungs- oder Erziehungsstörungen)
- Jugendliche, deren Ausbildung in einem gewerblichen Betrieb ungenügend gelang und die vom Gewerbe-Inspektorat an die LBJ gewiesen wurden
- Jugendliche, die mit Hilfe einer Nachausbildung in den LBJ die Lehrabschlussprüfung wiederholen möchten.

Zudem übernehmen wir folgende Aufträge:

- Berufswahlabklärungen
- besondere Abklärungen

Die LBJ führen:

- Berufsabklärungen
- Anlehren (in Ausnahmefällen)
- Volllehren

durch.

Die Lehrlinge (zum Teil auch Anlehrlinge) besuchen die eigene Gewerbeschule. Am Lehrzeitende hat der Lehrling die Kantonale Lehrabschlussprüfung zu bestehen.

Bedingungen für die Aufnahme sind:

- ausreichende handwerkliche Begabung
- Lernfähigkeit
- Lernwilligkeit

Somit übernimmt der Verein für Jugendfürsorge eine soziale Aufgabe im Bereich der Berufsausbildung.

Durch dieses Konzept konnten drei gut eingerichtete Lehrbetriebe erhalten bleiben. Im weiteren kommt die Erfahrung in der Ausbildung von lernbehinderten Jugendlichen weiterhin der Gesellschaft zu Nutzen, und da die Lehrlingsauswahl in der Industrie und im Gewerbe auf die Auslese der Besten abzielt, hat sich die LBJ eine grosse, verantwortungsvolle Aufgabe gestellt, nämlich den schulisch schwächeren Jugendlichen eine Ausbildungsmöglichkeit zu bieten.
Auf die Frage, ob in unseren Lehrbetrieben POS-Kinder eine Chance haben, kann nicht einfach mit Ja oder Nein geantwortet werden, denn es hängt doch sehr von der Art und Grad der Lernbehinderung ab. Schon viele Jugendliche, die nirgends sonst eine Chance bekamen, konnten bei uns mit Erfolg zum Lehrabschluss gebracht werden.
Unter diesen Jugendlichen befanden sich einige POS-Kinder.

Ich werde oft gefragt: Wie bringt ihr denn diese Jugendlichen zum Erfolg? Was macht ihr denn?

Unser Lehrbetrieb muss als eine Art «Sonderlehrbetrieb» betrachtet werden. Das volle Gewerbeschulprogramm wird bei uns in kleinen, überschaubaren Klassen mit individueller Behandlung durch die eigenen Meister sowie zugezogenen Lehrkräften angeboten.
Ich glaube, dass dies ein grosser Pluspunkt in unserem Ausbildungsprogramm ist und dass dadurch manchem Jugendlichen zum Erfolg verholfen werden kann.
Dazu kommt, dass in den Lehrbetrieben ein gutes Arbeitsklima herrscht. Wichtig ist, dass jeder Betrieb geeignete Aufträge bekommt, und es muss eine «normale» Leistungs-, Lern- und Arbeitsdisziplin vorhanden sein.
Für die Ausbildung wenden wir grundsätzlich die gleichen Methoden wie andere Ausbildungsbetriebe an.
Unsere Ausbilder haben keine heilpädagogische Ausbildung; ich erwähne das, weil ich schon öfters danach gefragt wurde. An den Ausbilder stellt unsere Arbeit hohe Anforderungen, er muss fachlich den gestellten Anforderungen genügen und menschlich den Belastungen gewachsen sein.
Ich wage die Behauptung aufzustellen, dass die menschliche Komponente wichtiger ist, denn vor allem Jugendliche mit leichten Lernbehinderungen brauchen in der Regel in allen Bereichen der Ausbildung spezielle Betreuung.
Der Ausbilder hat nicht nur die Aufgabe, den Jugendlichen fachlich auszubilden, sondern er muss auch die Persönlichkeitsentwicklung und das soziale Verhalten im Auge behalten und, wenn nötig, reagieren. Wenn in einem Lehrbetrieb diese Voraussetzungen gegeben sind, so glaube ich, sind

die Grundlagen für den Erfolg da. Besonders wenn der Jugendliche sich voll einsetzt und wir Ausbilder die Unterstützung der Eltern haben, geht sehr selten noch etwas schief.

Wir schreiben jetzt das Jahr 1983 und arbeiten immer noch wie die Gründer dieser Institution im Jahre 1917 nach der Devise: Wenn irgendwie möglich, für jeden eine Berufsausbildung!

Eine integrierte Kleinklasse

von Vreni Haldi

Ausgangssituation: Wieso entstand diese Klasse?

Die ausschlaggebenden Faktoren, die zu dieser Klasseneröffnung führten, sind folgende:

- eine Privatschule schliesst ihre Zweigstelle im Dorf
- die Elterninitiative
- die Einsatzbereitschaft der Schulbehörde

Die Eltern von fünf Kindern wurden unversehens vor die Frage gestellt, ob ihr Kind in Zürich weiterhin die Privatschule besuchen soll, oder ob sie als Elterngruppe gemeinsam versuchen sollten, eine Lösung im Wohnort zu finden. Die Kinder waren unterschiedlich lange in der Privatschule, je nach dem wann ihre «Ausmusterung» aus der Normalschule vorgenommen worden war. Die Eltern suchten nun nach anderen Möglichkeiten innerhalb der Gemeinde. Ihr Anliegen fand in der Schulbehörde offenes Gehör, und seit dem Frühjahr 1981 besuchen diese Schüler die Kleinklasse im Dorfschulhaus.

Die Zusammensetzung der Klasse

Die Gruppe umfasst fünf Knaben und ein Mädchen. Die Kinder sind im Alter von neun bis elf Jahren und besuchen die 3. bzw. 4. Klasse. Der grössere Teil dieser Gruppe versuchte den Schulstart in einer Normalklasse, wo sich nach und nach die Teilleistungsschwächen infolge des psycho-organischen Syndroms nachteilig auswirkten. Aufgrund dieser Eigenschaften wurden die Kinder zu Privat- bzw. Sonderschülern.

Die besonderen Möglichkeiten einer Kleinklasse

Wie können sich sieben Individuen in einem Normal-Schulzimmer wohlfühlen?
In dieser bevorzugten und zugleich herausfordernden Situation begannen wir den Raum so einzurichten, dass verschiedene Tätigkeitsbereiche berücksichtigt wurden, und zudem das Zimmer wie eine (Schul-)Stube zum Verweilen einlädt.
Hierzu gibt es viele Möglichkeiten.
Die wichtigsten Betätigungsfelder im Raum sind:

- der runde Tisch
- die Spielflächen für freies Spiel
- Tisch zum Werken
- individuelle Arbeitsplätze

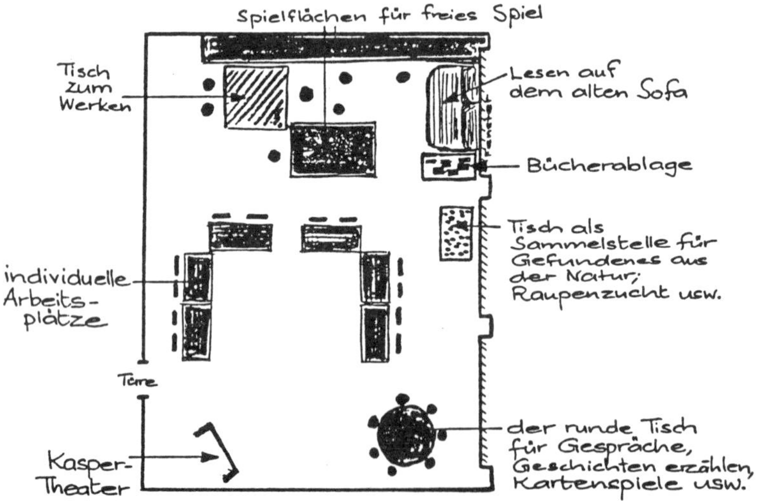

Gruppeninterne Möglichkeiten: Psychologische und pädagogische Wirkungen einzelner Tätigkeitsbereiche

Am runden Tisch

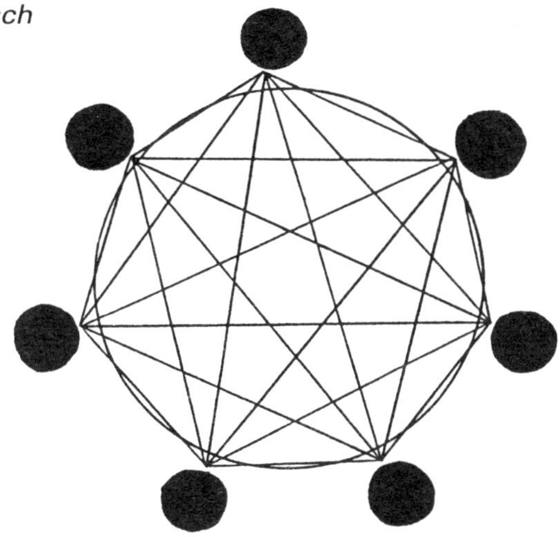

Während den Gesprächen am runden Tisch bewegen wir uns gefühlsmässig in einem vielfältigen Beziehungsnetz und erfahren dabei die persönlichkeitsbildende Basis, die diese räumliche Anordnung von Zusammensein bietet.

In dieser kleinen, überschaubaren Runde ist jeder natürlicherweise anteilnehmend.

Die Spontaneität bleibt erhalten oder wird gefördert. Es werden ihr aber auch Grenzen gesetzt, wenn es darum geht, Geduld zu üben, bis der andere fertig gesprochen hat. Das Durcheinanderreden empfinden wir beim näheren Beisammensein noch viel störender als in der Distanz.

Wir lernen ganz selbstverständlich, etwas zu erzählen, den andern etwas zu erklären, gleichzeitig üben sich die andern im Zuhören und Verstehen. *Mit*einander reden ist nicht leicht und bedeutet Geben und Nehmen in rücksichtsvollem Wechsel. Auch die Lehrerin muss Selbstdisziplin üben, um nicht dauernd im Gespräch zu dominieren.

Die Spielregeln des Zusammenseins werden von den Gruppenmitgliedern selbst erspürt und erfahren, ohne dass sie moralisierend beigebracht werden müssen.

Das Toleranzempfinden wird geweckt und immer wieder auf die Probe gestellt. Wir lernen die Eigenheiten des anderen und die eigenen besser kennen und akzeptieren.

Gelingt es uns, die Harmonie in der Runde immer wieder freudig zu erleben, dann fühlen sich alle geborgen, angenommen und bereit, andere anzunehmen. Dieses ganzheitliche Wohlsein bringt eine selbstverständliche Lernbe-

reitschaft und Lernfreude mit sich. Denn erst wenn die primären Bedürfnisse befriedigt sind, werden wir offen, Neues zu erfahren und packen Probleme mutig an, um sie zu lösen.
Das Streben nach einer guten Grundstimmung bietet keinen Nährboden für das Konkurrenzdenken. Wir freuen uns, wenn die Arbeit jedem gut gelingt und helfen einander gegenseitig, wenn Schwierigkeiten auftreten.
Auch gegenseitige Auseinandersetzungen versuchen wir nicht *hand*greiflich, sondern mit Worten *be*greiflich zu lösen. «Miteinander, statt gegeneinander!» Dieser Devise hoffen wir immer wieder nachleben zu können. Und zur Übung dieser Lebenseinstellung dient unter anderem auch das Miteinander-Reden am runden Tisch.

Der freie «Spielraum» im Klassenzimmer

Die realen wie auch ideellen Spielräume der Kinder sind heute sehr eingeschränkt. Wo lässt man sie noch wirklich frei spielen, ohne ihnen dauernd Vorschriften für ihr Verhalten zu machen? Dies hindert die Entwicklung der Eigeninitiative, der Eigenverantwortlichkeit und der Phantasie.
Wir haben das Glück, in unserem Schulzimmer wenigstens ein «Müsterchen» von Spiel- und Gestaltungsfläche zur Verfügung zu haben, wo die Kinder nach eigener Unternehmungslust miteinander spielen: Häuser und Gärten usw. aufbauen und mit verschiedensten zum Teil selbst mitgebrachten Materialien gestalten können.
Die Initiative liegt immer bei den Kindern, die Fläche wieder neu aufzuteilen und neu zu gestalten. Sie müssen sich selbst organisieren, ob beispielsweise jeder für sich einen Teil des Ganzen beanspruchen will oder ob sie zu zweit oder sogar alle miteinander auf der Fläche ineinander übergreifend spielen wollen.
Hier sind der Vielfalt von Möglichkeiten fast keine Grenzen gesetzt.
Der gruppendynamische Prozess ist in diesem Tätigkeitsbereich sehr intensiv:

- Ideen vorschlagen und beraten
- das weitere Vorgehen vereinbaren
- Streitigkeiten überwinden
- Art und Weise der Flächenaufteilung bestimmen
- Material beschaffen und zuteilen
- nach der Bearbeitung von Materialien gemeinsam den Boden aufräumen

Wenn diese Kinder sehr oft abgelenkt sind, so sind sie hier im Spielgeschehen während längerer Zeit höchst konzentriert.
Dieser «Spielraum» hat sich als soziales wie auch für die Selbstentfaltung wichtiges Übungsfeld erwiesen.

Im Musikzimmer

Wir sind in der bevorzugten Lage, ein Musikzimmer in unserem Schulhaus zur Verfügung zu haben, das mit einigen Orff- und Rhythmusinstrumenten ausgestattet ist. Bei dieser kleinen Anzahl von Kindern, kann jedes auf einem Instrument spielen. Gerne improvisieren sie Soli, und es ist faszinierend dem unbefangenen Melodie- oder Rhythmusspiel zuzuhören. Oft erzählt das Kind anschliessend die Geschichte, die es dabei phantasiert hat.

Der Garten

In gemeinsamer Anstrengung rodeten wir ein Stück Wiese, um einen kleinen Garten zu erhalten. Hier erprobten wir die Durchhaltekraft beim Bearbeiten der Erde, und mit mehr oder weniger Geschicklichkeit übten wir das Säen, Setzen und Aufziehen von Gemüse und Blumen.
Es ist uns aus zeitlichen Gründen leider nicht ganz gelungen, die Beziehung zum Garten intensiv zu pflegen und in den Schulalltag zu integrieren. Doch die guten Vorsätze für das nächste Jahr sind gefasst. Ist doch gerade dies ein grundlegender Bereich, in dem viele, früher lebensnotwendige Erfahrungen praktisch weitergegeben werden können.
Gartenarbeit kann auch sehr befriedigen, weil wir am Naturgeschehen in seinem Kreislauf ganz selbstverständlich teilnehmen und die «Früchte» der Arbeit ab und zu geniessen können.

Erleben in der Natur

Um das Erleben in der Natur zu vertiefen, streifen wir in den verschiedenen Jahreszeiten durch die nahegelegene Rietlandschaft am Greifensee, um die Besonderheiten, die verschiedenen Stimmungen und Veränderungen der Landschaft im Wechsel der Jahreszeiten auf uns wirken zu lassen. In der kleinen Gruppe gelingt es besser, die Eindrücke der Naturlandschaft aufzunehmen, denn je grösser die Anzahl von Teilnehmern, desto grösser ist die Ablenkung.

Es ist ausserordentlich wichtig, dass wir die ursprünglich im Leben des Menschen integrierte Beziehung zur Natur, die durch die technisierte Umwelt verdrängt wird, wieder neu aufleben lassen, so dass wir verantwortungsbewusster mit Tieren und Pflanzen umzugehen lernen.
Wesentlich ist dabei die Selbsterfahrung und das ganzheitliche Erleben; die Natur also nicht nur erklären, sondern auch wieder «nur» empfinden können. Gerade diese Kinder, die eine grössere Reizempfindlichkeit und Sensibilität aufweisen, erleben das Naturgeschehen besonders intensiv.

Gruppenexterne Möglichkeiten

Zusammenleben im Schulhaus

Die Kleinklasse fällt im Schulhaus nicht durch eine Sonderstellung auf. Wenn sich die Gelegenheit bietet, so sind wir in andern Klassen auch willkommen, um gemeinsam z. B. einen Film anzuschauen, die Schulreise zu erleben oder bei den Arbeiten im Schulhausumgelände mitzuhelfen.
Die 4. Klässler aus der Gruppe besuchen den Werkunterricht in der Klasse eines Kollegen. Mit der gleichen Klasse geht die ganze Gruppe ins Schwimmen und Turnen.
Die Kinder können auch vom ausserschulischen Kursangebot wie Schulsport oder Theaterspielen profitieren. Sie besuchen ebenfalls regelmässig die Schulbibliothek.

Therapien

Wenn sich die Notwendigkeit einer besonderen Therapie aufdrängt, so versuchen wir diese so integrativ wie möglich zu organisieren. Den Legasthenie-Unterricht z. B. können die Kinder im Schulhaus besuchen.
Nur allzuoft ist man versucht, diese Kinder zu «vertherapieren» und etikettiert sie so zu Spezialfällen. Aus Angst, Zeit ungenützt verstreichen zu lassen, werden die Kinder einem kontraproduktiven Erwartungsdruck ausgesetzt.
Dem Kind Zeit lassen für seine Entwicklung oder Massnahmen ergreifen, wenn die Schwierigkeiten in der Familienkonstellation wurzeln, stösst immer noch auf grösseren Widerstand.

Elternkontakte

Die Elterngruppe bleibt zahlenmässig immer im überblickkbaren Rahmen und stellt so auch bei intesiveren Kontakten keine Überforderung für den Lehrer dar. Es bieten sich weit mehr Gelegenheiten zum ungezwungenen Zusammensein auch mit den Kindern zusammen, sei es bei einem gemeinsamen Morgenessen im Schulzimmer oder bei persönlichen Geburtstagsfeiern der Kinder. Je mehr Möglichkeiten sich bieten, sich auch ausserschulisch in Gesprächen zu unterhalten, deren Thema nicht nur immer den Problemkreis Schule und Kinder betrifft, desto natürlicher und vertrauter wird die Beziehung. Ich schätze es deshalb, am Wohnort arbeiten zu können, denn die Begegnung mit den Kindern auch ausserhalb der Schule ist ein nicht zu unterschätzender Bestandteil der Beziehung.
Das gute Einvernehmen mit den Eltern, das auf gegenseitigem Vertrauen basiert, ist wichtig für die Kinder, die sich erst wohlfühlen können, wenn die Beziehungen positiv sind.

Allgemeine Betrachtungen und Schlussfolgerungen

Mit der Quantität ändert die Qualität. Auf die Kleinklasse bezogen bedeutet dies: In der kleinen überschaubaren Gruppe nimmt der Faktor Menschlichkeit zu. Die konkurrenzbedingten Auseinandersetzungen in einer Grossklasse und das gut organisierte Stoffvermitteln stehen nicht mehr im Vordergrund.
Ganz natürlich hat der einzelne Schüler den grösseren Anteil am Ganzen, tritt als Persönlichkeit mehr in Erscheinung, seine Individualität wird mehr respektiert und kann dementsprechend individuell am Bildungsprozess teilnehmen. Dies soll nicht heissen, dass wir Egoisten züchten, im Gegenteil, in der kleinen Gruppe spürt jeder, der zeitweise wieder nur an sich denkt, dass er zum Aussenseiter wird. Aber erst Menschen, die sich in einer Gruppe gegenseitig akzeptiert und respektiert fühlen, können die Bereitschaft entwickeln, ihre Bedürfnisse zu Gunsten des Ganzen anzupassen und nicht immer nach dem grössten Stück des «Kuchens» zu streben.
Nur kleine Gruppen ermöglichen es, diesen wichtigen Lernprozess tagtäglich zu erfahren. Dies bedeutet die Erziehung zur Gemeinschaftsfähigkeit, einer Fähigkeit, die von grundlegender Bedeutung für den Menschen ist und in Zukunft noch vermehrt sein wird.
So gesehen, können im Unterricht in einer Kleinklasse grundlegende Ideen zur Bildungs- und Schulreform verwirklicht werden: Mehr menschliche Bildung und individuelles Lernen.

Die Forderung nach kleineren Klassen und Kleinklassen fördert das Nachdenken über unser Bildungsziel für die Schule ganz allgemein. Vielleicht sind wir beim Suchen nach Lösungen, wie wir den POS-Kindern gerechter werden könnten, mit dem Experiment der Kleinklassen dem zukünftigen Bildungsziel einen kleinen Schritt näher gekommen.
In diesem Zusammenhang möchte ich die Worte von Professor Lempp wiederholen:

> «Die Kinder mit einem psychoorganischen Syndrom sind keine Minusvarianten der Gesellschaft, sondern wie in der Geschichte vielfältig nachgewiesen werden kann, Menschen, die in ihrer erhöhten Reizempfindlichkeit erst die Voraussetzungen mitbringen für eine erhöhte Sensibilität für ihre Mitmenschen und ihre Umwelt. Sie sind gewissermassen die Seismographen für das Bildungssystem einer Gesellschaft.»
> (Aus dem Referat vom 20./21. August 1976)

> «Das Bildungskonzept müsste eine gleichmässige Förderung *aller* Fähigkeiten der Kinder zum Inhalt haben und dabei die individuellen Begabungsunterschiede berücksichtigen, ohne an diesen unterschiedlichen Begabungen sogleich die spätere soziale Stellung des Kindes festzuschreiben.»
> «Wir brauchen für diese hirnfunktionell gestörten Kinder *keine Sonderschulen*, sondern wir müssen die Normalschulen und damit unser *Bildungskonzept* so *ändern*, dass auch diese Kinder teilnehmen können, ohne sofort zu Sonderkindern zu werden.»
> (Aus dem Referat von 20./21. Mai 1978)

Es könnten noch beliebig viele Worte zitiert werden, die zur Bildungsreform ausgesprochen wurden.
Sie ruhen sanft in dickeren oder dünneren Broschüren, aufrecht eingereiht in den Bibliotheken.
Doch bleiben diese Worte nur sorgfältig konserviertes Gedankengut, wenn wir nicht mithelfen, die Ideen zu verwirklichen.
Wir können aber nicht von irgendwelchen Instanzen Reformen fordern, denn diese sind oft überfordert.
Solange unsere weitverbreitetste Philosophie der Auffassung frönt, dass das Lebensglück im Anhäufen von materiellen Werten liegt, und das Streben im Vordergrund steht, in dauerndem Konkurrenzkampf gegen die andern noch höheres Prestige zu erwerben, solange werden auch unsere Kinder als Aushängeschilder unseres Erfolgsdenkens unter ständigen Erwartungsdruck geraten und demzufolge von den Schulen einseitig gefördert werden müssen.

Erst, wenn wir persönlich bereit, offen und ehrlich werden, ein neues Bildungsziel nicht nur zu diskutieren, sondern auch nach Möglichkeit zu dessen Verwirklichung beizutragen, wird eine Veränderung geschehen. In diesem Sinne sind *Elterninitiativen* wichtige und unentbehrliche Wegbereiter für das Durchsetzen von Reformgedanken im Bildungswesen.

Ratschläge von Fachleuten

Der Schulpsychologe

Das POS-Kind zwischen Mutter, Vater, Geschwistern und Lehrern

von Markus Schmid

Im Vorwort zu einem Buch des Münchners Paul *Innerhofer* habe ich gelesen, dass dem Autor als Titelbild ein Mobile vorgeschwebt habe. An diesem Mobile sollten Bilder einer Familie, also von Mutter, Vater, den Kindern, vielleicht auch den Grosseltern, hangen und je nach Luftzug tanzen und kreisen. Dieses Bild vom Mobile ist ein Vergleich für eine sich im Gleichgewicht befindende Lebensgemeinschaft. Wird eines der Mobile-Bilder belastet, verändert sich also die Situation *eines* Teilnehmers am Ganzen, wird das Gleichgewicht gestört, um dann – nach einer Zeit der Unruhe – doch wieder in einem neuen, das heisst veränderten Gleichgewicht einzupendeln.
Was dieser Vergleich ausdrücken möchte, nämlich dass es in einer Gemeinschaft wie der Familie oder der Schulklasse keine Probleme eines Einzelnen gebe, ohne dass nicht alle zugleich Mitbetroffene seien, gewinnt für die Tätigkeit von Erziehungs- und Schulberatern in letzter Zeit immer mehr Bedeutung. Im Kanton Graubünden beschäftigen wir uns im Schulpsychologischen Dienst seit etwa drei Jahren mit dem systemischen Ansatz und versuchen, auch die für die praktische Arbeit sich ergebenden Konsequenzen zu ziehen. Mit anderen Worten: Wir befinden uns in einem Wandel von Theorie und Praxis der Schulpsychologie, indem wir schulpsychologische Beratung *nicht* mehr *nur* als Hilfe zur Lösung individueller Probleme (Behebung von Lernschwierigkeiten, Schulversagen, Verhaltensstörungen) begreifen, sondern Beratung auch auf jene Lebensbereiche beziehen, die für das Kind wesentlich sind. Über diesen Wandel möchte ich hier etwas sagen, weil er unseres Erachtens besondere Bedeutung hat in der Arbeit mit POS-Kindern und deren Bezugspersonen.

Ich gliedere meine Ausführungen folgendermassen:

Zuerst möchte ich auf Merkmale der Veränderungen in der Schule hinweisen, wie sie sich durch die starke Verminderung der Klassengrösssen in der letzten Zeit in unserem Kanton ergeben.

Dann versuche ich zu zeigen, was systemisch-orientierte Beratung heisst und welche Möglichkeiten aus dieser Neuorientierung nach unseren bisherigen Erfahrungen für die Förderung von POS-Kindern offenstehen.

Nun würde ich an der Realität vorbeigehen, wollte ich hier allein von idealen Möglichkeiten der Erziehungs- und Schulberatung reden. Es wird auch etwas zu den strukturell bedingten Grenzen in unserer Tätigkeit zu sagen sein.

1. Merkmale des Wandels in der Bündner Schule

Die allgemein festzustellende Verminderung der Klassengrössen in den letzten Jahren können wir im Kanton Graubünden in ausgeprägtem Mass beobachten. Mittlerweile gibt es bei uns eine ganze Reihe von Dorfschulen, die das Mindestlimit zum Erhalt einer Schule von 8 Kindern nicht mehr erfüllen und von Jahr zu Jahr Sonderbewilligungen zur Weiterführung benötigen. Aber auch in manchen grösseren Orten im Kanton Graubünden pendeln die Schülerzahlen in den Primarklassen auf einer Grösse ein, wie wir sie früher nur in Sonderschulen und Kleinklassen kannten.
Nun ereignet sich damit meiner Meinung nach nicht nur ein oberflächlicher, sondern ein struktureller Wandel in der Schule, bringt er doch Veränderungen in den Einstellungen wie auch in der Schulpraxis mit sich. Eine wesentliche Komponente dieses Veränderungsprozesses betrifft die Frage der Schulung von Kindern, die aus irgendwelchen Gründen Schulschwierigkeiten haben.
Eltern, Lehrer und Behördenmitglieder setzen sich heute mehr als noch vor wenigen Jahren für ein Verbleiben auffälliger Schüler in der Stammklasse ein, wenn auch aus zum Teil unterschiedlichem Interesse und mit entsprechend verschiedenartigen Argumenten.
Eltern erhoffen sich, da der Lehrer nun ja weniger Schüler zu betreuen habe, eine individuellere und damit bessere Förderung ihres Kindes.
Viele Lehrer argumentieren im Prinzip ähnlich, sehen aber auch eine Reihe neuer Probleme, über die noch zu sprechen sein wird, auf sich zukommen.
Schulbehörden verweigern mitunter Anträge auf Sonderschulung, weil mit der Herausnahme auch nur eines Schülers die Existenz der Dorfschule gefährdet ist.
Zudem wird in letzter Zeit immer deutlicher gegen Separation Stellung bezogen, weil die Berufschancen ausgesonderter Schüler sich extrem verschlechtert hätten.
Die «Förderung in der kleinen Gruppe» als wichtiges Argument für die besondere Schulung von lernbehinderten und/oder verhaltensauffälligen Kin-

dern kann beim rapiden Rückgang der Schülerzahlen in den Regelschulen kaum mehr ins Felde geführt werden.

Löst sich das Integrations-Separations-Problem also von selber?

Sicher ist, dass heute eine verstärkte Zurückhaltung gegenüber Sonderschuleinweisung festzustellen ist, wobei der dahinter liegende Einstellungsänderungsprozess natürlich nicht allein auf die Verkleinerung der Klassengrössen zurückgeführt werden kann.
Nun stellt sich aber die Frage, ob die günstigen Voraussetzungen für gemeinsame Förderung, nämlich der Einstellungswandel wie auch die kleineren Klassen, wirklich zu Änderungen in der Schule geführt haben. Meines Erachtens sind viele Beteiligte, die betroffenen Kinder, ihre Klassen als Gemeinschaft, im besonderen aber die Lehrer und Eltern, wenig vorbereitet, mit den sich nun durch den Verbleib von Kindern mit Lern- und/oder Verhaltensschwierigkeiten in der Stammklasse sich stellenden Problemen fertigzuwerden.
Lehrer fragen denn auch, wie sie jetzt mit den Problemen des Kindes und der Gruppe umgehen sollten, ohne die Klasse im Lernen zu benachteiligen und die inhaltlichen Ziele nicht zu vernachlässigen.
Mit der Bereitschaft zur Förderung der Problemkinder in der Regelschule verknüpfen Lehrer vermehrt das Bedürfnis nach Beratung. Sie – wie auch die Eltern – erwarten nicht allein Abklärung der Situation und Berichtfassung, sondern eine Beratung, die möglichst konkrete Handlungsanweisungen enthalten soll.
Wir glauben, auch hierin einen Trend festzustellen, dass Eltern und Lehrer mehr ihre erzieherische und fachliche Kompetenz erhöhen möchten und eher weniger die Förderung oder gar Behandlung des Kindes an aussenstehende Therapeuten delegieren wollen. Wir sehen in diesem Trend eine günstige Voraussetzung, um unserem Ziel in der Erziehungs- und Schulberatung näher zu kommen, nämlich vorrangig eine Hilfe zur Selbsthilfe zu sein.

Ich habe auf einige Merkmale des Wandels in der Bündner Schule hingewiesen (kleinere Klassen, Einstellungsänderungen bei allen an der Schule Beteiligten), die meines Erachtens auch wesentlich sind im Zusammenhang mit der Schulung von POS-Kindern.
Bevor ich nun auf die Beratung des POS-Kindes und seiner Bezugspersonen zu sprechen komme, möchte ich etwas zu den Änderungen in der Sichtweise und Tätigkeit in der Schulpsychologie sagen, wie sie bei uns – angeregt u. a. durch die Zusammenarbeit mit Dr. Thomas Hess vom bündnerischen Kinder- und Jugendpsychiatrischen Dienst – seit etwa drei Jahren erfolgen.

2. Das systemische Denken in der Erziehungs- und Schulberatung

Was heisst das? Ausgangspunkt des systemischen Ansatzes ist einmal die einfache Feststellung, dass der Einzelne immer auch Teilnehmer ist an einem, meist mehreren Systemen oder Lebensbereichen.

Das umfangreichste System, an dem das sich entwickelnde Kind beteiligt ist, ist jener Bereich, welcher Wechselbeziehungen zwischen ihm und dem Elternhaus, zugleich aber auch zur Schule und zur Kameradengruppe umfasst. Die Verwobenheit des Kindes im Einflussbereich von Familie, Kameradengruppe und Schule zeigt sich etwa darin, dass das Kind Schüler ist auch zuhause, ja, dass es zum Problem vieler Kinder geworden ist, nie aus der Rolle des Schülers heraustreten zu können. Umgekehrt wirken die Erfahrungen des Kindes in seinem primären Lebensbereich, der Familie, unmittelbar auf das Leben in der Schule ein.

Der systemisch denkende Berater betrachtet diese sozialen Lebensbereiche, wie Familie und Schulklasse, als Ganzheiten. Ganzheitliche soziale Gefüge zeichnen sich dadurch aus, dass sie auf ein bestimmtes Gleichgewicht hintendieren, was wohl eine Lebensnotwendigkeit ist, denn wir halten Ungleichgewichtszustände sehr schlecht aus, erleben sie als Krisen. Nun leistet jeder Einzelne, in der Familie Vater und Mutter, jedes Kind für sich, unter Umständen die Grosseltern, und in der Schule der Lehrer, die einzelnen Schüler gewissermassen seinen «Beitrag» zum Erhalt des jeweiligen Gleichgewichts. Der Einzelne ist eingewoben in ein Netz von Beziehungen, in dem in kreisförmiger Art und Weise wechselseitige Einflussnahmen geschehen.

So bedeutet das Spiel der Beziehungen in der Familie, in jeder Gruppe etwas anderes als die Summe der beteiligten Individuen. Das Verhalten des Einzelnen wird zum Ausdruck der Interaktionen zwischen den Beteiligten.

Damit löst sich der systemisch orientierte Berater von einer kausal-deterministischen Sichtweise, die das Verhalten aus innerpsychischen Prozessen erklärt. Anders als etwa in den tiefenpsychologisch-orientierten Beratungen oder Therapien, wo die Lebensgeschichte neu aufgearbeitet wird, sind im systemischen Ansatz die gegenwärtigen Beziehungsstrukturen wichtig.

Eine entscheidende Konsequenz systemischen Denkens ist, dass die Verantwortung für Verhaltensprobleme nicht allein auf dem bezeichneten Patienten, zum Beispiel dem Kind, liegt, sondern auf alle Teilnehmer des Systems (der Familie, der Schulklasse) verteilt wird. Dies gelingt dem Berater nur, wenn er selber nicht Bündnispartner der einen gegen die andern, sonder Vermittler im Spiel der Beziehungskräfte ist.

Damit ist die Rolle des Beraters angesprochen. Da in menschlichen Kommunikationen die Reaktionen des einen immer auch Reaktionen beim andern auslösen und umgekehrt, ist es unvermeidlich, dass der Berater selber Teil des Systems wird, in dem er tätig ist. Er ist nicht, wie das zum Beispiel in der Psychodiagnostik von ihm erwartet wird, möglichst objektiver Datensammler, sondern soll im richtigen Wortsinn «in» sein, im System drin beteiligt sein. Allerdings muss sich der Berater der an ihn gerichteten Erwartungen im klaren sein und wissen, wie solche Kommunikationen sein eigenes Handeln beeinflussen.

Jegliche Beratung oder Therapie will Veränderungen bewirken. Veränderungen in einem System sind aber nur möglich, wenn Probleme *neu* auf der *Beziehungsebene* definiert werden. Dies in Gang zu setzen, ist Aufgabe des Beraters.

Damit er trotz Einbezogenheit in die Gruppe zu dieser Aufgabe fähig ist, bedarf er auch immer wieder des Abstandes, im wörtlichen und übertragenen Sinn. Im Gespräch mit einem mitberatenden Kollegen oder im Gebrauch von technischen Medien (Tonband oder Video) überprüft er sein Handeln und überlegt die nächsten Schritte.

Wie in anderen Ansätzen erhält auch im systemischen Denken die Persönlichkeit des Beraters eine vorrangige Bedeutung. Die Persönlichkeit, die Beziehung zu den Beteiligten, sowie die ständige Reflexion des Tuns bilden den Rahmen und die Grundlage für Prozesse in der Erziehungs- und Schulberatung. Diese Grundlagen kommen vor jeder Beratungstechnologie!

Ich möchte zusammenfassend auf einige wichtige Merkmale systemischen Denkens in der Erziehungs- und Schulberatung hinweisen.

1. Verhalten – unauffälliges und auffälliges – ist stets in Beziehung zu setzen mit dem jeweiligen sozialen Netzwerk.
   Elternhaus und Schule sind für Kinder die bedeutsamsten Systeme.

2. Die kreisförmige Art der Beziehungen unter den Mitgliedern der Familie oder auch der Schulklasse bringt mit sich, dass Änderungen bei dem einen Veränderungen bei den andern bewirken.

3. In der Beratung kommt es deshalb darauf an, ob es gelingt, eine neue Beziehungsebene herzustellen, auf welcher der angemeldete Patient (in unserem Fall meist das Kind) entlastet wird und *anstelle des Symptoms* die Beziehung in den Mittelpunkt rückt.

Systemisches Denken, wie ich es kurz charakterisiert habe, spielt bei uns im Schulpsychologischen Dienst Graubünden eine immer bedeutsamere Rolle, wobei wir es keineswegs schon konsequent in unserer Beratungstätigkeit realisieren können. Das ist zum einen eine Ausbildungsfrage, zum

andern aber liegt es auch an bestimmten Bedingungen der Schule, an institutionellen Zwängen, wie das manchmal genannt wird, dass da der systemische Ansatz auf besonderen Widerstand stösst.
Bei der Frage der Möglichkeiten und Grenzen in der Praxis der Schulpsychologie möchte ich auf diesen Punkt zurückkommen. Wenn wir auch nicht eigentliche Systemtherapien, wie etwa Familientherapien, durchführen, versuchen wir doch in einem gemeinsamen Erstgespräch abzuschätzen, in welcher Hinsicht die für das Kind wichtige Gruppe *änderungsbedürftig, änderungsbereit,* und *änderungsfähig* ist.
Nun fragen Sie sich vielleicht, was dieser Ansatz mit der Beratung in Fällen von Kindern mit einem POS zu tun hat, besonders da, wo die Diagnose ausreichend gesichert scheint. Ich möchte deshalb etwas sagen...

3. ...zur Bedeutung der systemischen Betrachtungsweise in der Förderung von POS-Kindern

Ausgangspunkt für unsere Überlegungen ist die Beobachtung, dass manche POS-Kinder auf bestimmte, meist störende Verhaltensweisen fixiert scheinen, obwohl sie oft *eine mehrjährige Förderungstherapie* hinter sich haben. Praktisch hat sich das Verhaltensrepertoire dieser Kinder kaum erweitert. In den Beziehungen zu den wichtigen Bezugspartnern daheim und in der Schule kommen in unveränderter Weise bestimmte Interaktionsmuster vor. Die Fähigkeit, verschiedenen Personen gegenüber auch auf unterschiedliche Art zu reagieren, scheint wenig entwickelt.
Betrachtet man die Entwicklungs- und Schulgeschichte dieser Kinder, fällt auf, dass seitens der Eltern alles unternommen wurde, dem Kind eine optimale Förderung zukommen zu lassen, dass es auch nicht an qualifizierten Gutachten zu den Leistungs- und Verhaltensproblemen des Kindes fehlt. Seitens der Schule wird betont, dass es nicht an der nötigen Geduld gefehlt habe, die Leistungsanforderungen möglichst dem Kind angepasst worden seien. In den Gesprächen mit Eltern und Lehrern wird dann häufig die Ansicht vertreten, der geringe Erfolg sei wohl darauf zurückzuführen, dass die Fördertherapie in dieser Form nicht ausreiche, also durch gezielte Massnahmen ergänzt werden müsste.

Kann aber die Lösung in einem Mehr an Förderung liegen?

Wir sind überzeugt davon, dass es in Fällen, wo die Entwicklung in ein Fixieren des Symptoms einmündete, entscheidend darauf ankommt, dass sich alle Betroffenen, also das Kind wie auch seine wichtigen Bezugspersonen, von einem Zwang zu immer mehr Förderung befreien können.

Diese Ansicht ist zu begründen, eine Alternative aufzuzeigen!

Familien mit einem behinderten Kind sind meist starken Belastungen ausgesetzt, Belastungen psychischer wie auch sozialer Art, welche sich oft gegenseitig negativ verstärken im Sinne von Teufelskreisen. Nicht selten sind diese Familien isoliert und reagieren darauf mit dem Rückzug auf die eigenen vier Wände, was die seelische Belastung der Angehörigen zusätzlich verstärkt und Störungen bei den gesunden Kindern, Resignation bei den Eltern hervorrufen kann.
Die betroffenen Kinder fühlen, dass sie zur Ursache familiärer Spannungen werden. Gleichzeitig werden aber negative Gefühle diesem Kind gegenüber kaum ausgesprochen, um es nicht noch mehr zu belasten.
Auf diese Weise entwickelt sich ausserordentlich häufig eine *überbehütende Haltung* dem behinderten Kind gegenüber, die sich meistens auch bei den gesunden Kindern negativ auswirkt. Auf ihnen lasten Erwartungen, bestimmte Verhaltensweisen zugunsten des behinderten Geschwisters zu zeigen, die über kurz oder lang zu Beziehungsschwierigkeiten innerhalb der Familie führen müssen.
Das behinderte Kind wird diese Situation für sich ausnützen, indem es entdeckt, dass es Kontrolle über das Verhalten der andern Familienmitglieder ausüben kann.
Als persönlich Einbezogener ist sich der Einzelne in der Familie der Beziehungsprobleme kaum bewusst, erlebt aber deren Auswirkungen, was Schuldgefühle verstärken kann und damit sozial-emotionale Entwicklung und Gesundung in der Familie erschwert oder gar blockiert.
Von entscheidender Bedeutung ist für mich in diesem Zusammenhang, dass Ängste, Unsicherheiten, aber auch aggressive Gefühle nicht ausgesprochen werden, in den *nonverbalen Zeichen* aber ihre ganze Wirkung in den Beziehungen ausüben. Damit ist das mächtige Problem der doppelten Botschaften in den Kommunikationen zwischen Menschen angesprochen, welche so etwas wie ein Nährboden für Beziehungsstörungen bilden.
Ich habe auf einige mögliche innerfamiliäre Probleme hingewiesen, wie sie sich zwischen POS-Kind und seinen Angehörigen entwickeln können und in die Tendenz einmünden, das Kind in seinen Störungen festzuhalten, ja zu invalidisieren.
Manche POS-Kinder haben eine ausgeprägte Fähigkeit, bei den Erwachsenen Schonverhalten zu induzieren. Sie erreichen damit, was für sie selber entwicklungshemmend ist, nämlich das Stabilisieren der Symptomatik, ein Risiko, das auch in der Schule vorhanden ist.
Es sind in der Klasse sehr ähnliche Interaktionsmuster zu beobachten wie in der Familie. Allerdings ist in der Schule auch das andere Extrem möglich,

nämlich dass das POS-Kind mit übersteigerten Anforderungen konfrontiert wird, und zwar nicht nur bezüglich seiner schulischen Leistungsfähigkeit, sondern auch der Steuerungsfähigkeit im Verhalten.
Es ist in diesen Fällen schon zu fragen, wie ein POS-Kind die zwei äusserst diskrepanten erzieherischen Haltungen in den beiden wesentlichen Lebensbereichen Familie und Schule verarbeiten kann. Nach meiner Meinung wird die psychische Integrationsproblematik des POS-Kindes damit zusätzlich verschärft.

Was sind die Konsequenzen für eine beziehungsorientierte Beratung?

Global ausgedrückt, geht es darum, die enge Verstrickung in den Bindungen des POS-Kindes zu seinen Bezugspersonen zu lösen, Abgrenzungen zwischen den Beteiligten zu schaffen. Nur wenn die Verantwortung für das Handeln auf alle Beteiligten – eben auch auf das Kind – verteilt wird, können sich Eigenpersönlichkeiten entwickeln.
Für die Praxis der Erziehungs- und Schulberatung heisst das:

1. Es sollen die für das Kind wesentlichen Personen in die Beratung einbezogen werden.

2. Es soll versucht werden, das Problem neu zu definieren, indem das Augenmerk von der Fixierung auf Ausfälle beim Kind auf die Kommunikationen gelenkt wird.
   Erst unter dieser Voraussetzung erfahren Kind und Eltern und Geschwister wirkliches Verständnis für die persönlichen Belastungen.

3. In der Beratung mit den Eltern, dem Kind und dem Lehrer geht es nicht primär um Einsichten in die Dynamik der Beziehungen – die allein verändern Verhalten nicht – sondern um Konfrontation mit neuen Verhaltensweisen. (Ich denke etwa daran, dass sich Eltern nicht mehr, durch gewisse Verhaltenstendenzen des Kindes gebunden, von eigenen Interessen und Tätigkeiten abhalten lassen.)

4. Wenn zwischen Kind und Bezugspersonen soziale und gefühlsmässige Abgrenzungen möglich werden, ist auch die Ebene erreicht, wo eine auf das Kind bezogene Fördertherapie sinnvoll ist.
   Eine besondere Förderung, seien das eine allenfalls angezeigte Psychomotorik-Therapie oder auch spezielle sonderpädagogische Massnahmen im Unterricht, birgt unter diesen Voraussetzungen nicht mehr die Gefahr, die ganzheitliche Entwicklung des Kindes und die Wachstumsprozesse in Familie und Schule zu hemmen oder gar zu blockieren.

Abschliessend möchte ich Möglichkeiten und Grenzen unter Berücksichtigung der skizzierten Aspekte in unserem schulpsychologischen Dienst einander gegenüberstellen.

4. Möglichkeiten und Grenzen in unserer Tätigkeit

Wenn wir auch keine eigentlichen Systemtherapien (wie Familientherapien) durchführen können, u. a. fehlen hiezu die Rechtsgrundlagen, so können wir doch mehr als bisher den Beziehungsaspekt in der Beratung berücksichtigen.
Von grosser Bedeutung für die weitere Beratung ist das Erstgespräch, zu dem nach Möglichkeit die für das Kind wichtigen Bezugspartner eingeladen werden.
Es ist nach unseren Erfahrungen durchaus möglich, schon aufgrund dieses ersten gemeinsamen Gesprächs positive Veränderungen der Situation in Gang zu bringen. Voraussetzung dazu ist, dass eine gemeinsame – und wie erwähnt auch eine neue – Problembeschreibung gelingt und darauf gestützt bestimmte Änderungen angestrebt werden können. Ich möchte ausdrücklich betonen, dass wir auch mit Teilerfolgen zufrieden sind, Teilerfolge, die sich etwa in klaren Abgrenzungen im Zusammenleben der Betroffenen zeigen können.
Nach dem Erstgespräch sind verschiedene weitere Beratungswege denkbar. So können im Rahmen der Schulberatung 3 bis 5 weitere gemeinsame Gespräche folgen, im gleichen oder unter Umständen verkleinerten oder auch vergrösserten Kontext. Dieser Zeitaufwand liegt immer noch im Rahmen dessen, was in der Schulpsychologie traditionellerweise für den Einzelfall eingesetzt wird.
Es ist aber auch möglich, dass nach dem Erstgespräch getrennt durchgeführte Beratungen folgen, zum Beispiel als Lehrerberatung, bei der es um konkrete Handlungshilfen für die Förderung des POS-Kindes im Unterricht geht. Da sich der Lehrer auch immer gegenüber der Klasse als Ganzheit verantwortlich fühlt, handelt es sich bei diesen Hilfen auch um solche, die positive Auswirkungen auf das Lernen aller Schüler versprechen. Damit kann vermieden werden, dass das POS-Kind in der Klasse einen Sonderstatus erhält, was für das Kind selber negative Auswirkungen hätte. Stichworte in dieser Richtung sind etwa die aus der MONTESSORI-Pädagogik bekannten Stille-Übungen mit dem Ziel der Sammlung und Bereitschaft für neue Aufgaben oder auch die unerschöpflichen Hinweise zur Förderung der Wahrnehmung sowie des sozialen Lernens aus der Motopädagogik von KIPHARDT.

Die Liste praktikabler pädagogisch-therapeutischer Hilfen für den Unterricht ist heutzutage ausserordentlich vielseitig. Die Entscheidung für die eine oder andere Möglichkeit basiert auf den Stärken und Schwächen des betroffenen POS-Kindes, auf dem Hintergrund der besonderen jeweiligen Klassenstruktur, aber auch in Berücksichtigung der Präferenzen des Lehrers.
Wenn ich die Wirksamkeit der Erziehungs- und Schulberatung abschätze, bin ich zuversichtlich, verfügen wir doch heute über ein berächtlich erweitertes Repertoire an Handlungsmöglichkeiten, zu dem ja noch das Angebot von Therapeuten kommt, mit denen wir eng zusammenarbeiten. Allerdings bin ich auch der Ansicht, dass diese Möglichkeiten nur wirksam sind, wenn, wie ausgeführt, nicht mehr allein die Symptombehandlung beim Kind im Vordergrund steht, sondern psychisches Wachstum und Weiterentwicklung der Lebensgemeinschaft, zu der das Kind gehört.
Nun stösst der Versuch, den systemischen Ansatz in der schulpsychologischen Arbeit zu verwirklichen, oft auf Widerstand, und zwar auf einen potenzierten Widerstand, sind ja in die Beratung nicht nur einzelne, sondern zugleich mehrere Personen einbezogen.
Da sind uns denn auch *Grenzen* gesteckt. Im Gegensatz zu den privaten Beratungsstellen haben wir als öffentlicher Dienst einen umrissenen Auftrag zu erfüllen. Wo die Bereitschaft zu gemeinsamem Problemlösen (noch) nicht vorhanden ist, können wir nicht einfach auf Arbeitsprinzipien bestehen. Jeder Mitarbeiter wird hier Konzessionen eingehen, das heisst zum Beispiel mit dem Lehrer und den Eltern getrennt Gespräche führen.
Im weiteren sind wir uns voll bewusst, dass die Grenzen der Erziehungs- und Schulberatung in all jenen Fällen erreicht sind, wo die Symptomatik über Jahre chronifiziert zu schweren Beziehungsstörungen führte. Hier ist dann der Punkt erreicht, wo wir Eltern auf die Hilfe psychotherapeutischer Beratungsstellen hinweisen, im besonderen auf die Beratung im Kinder- und Jugendpsychiatrischen Dienst Graubünden, mit dem wir eng zusammenarbeiten.

Zusammenfassung:

Ich habe zu Beginn auf die günstigen Voraussetzungen für die integrative Förderung irgendwie auffälliger Kinder in der Regelschule hingewiesen, wie sie durch die Verkleinerung der Klassen, sowie Änderungen in den Einstellungen gegeben sind.
Übrigens sehe ich in dieser Entwicklung nicht die Alternative zur Sonderschulung, auf die ich hier nicht besonders eingegangen bin. Soviel kann ich

ergänzen: Für uns ist die Frage «Sonderschule, ja oder nein» falsch gestellt. Wir möchten eher fragen: Was kennzeichnet die Sonderschule als echte Alternative zur Regelschule? Wie kann sie ihren zweifellos grösseren Spielraum als den der Regelschule zugunsten einer ganzheitlicheren Förderung bestimmter Kinder ausnützen? Aber auch: Wie kann die Sonderschule, genauso wie die Regelschule, die Integration des einzelnen im Unterricht verbessern?

Integrationsprobleme gibt es nach unserer Meinung überall dort, wo unterrichtet wird, ganz gleich, um welchen Schultyp es sich handelt.

Auf dem Hintergrund relativ günstiger Voraussetzungen also eröffnen sich für die Erziehungs- und Schulberatung nun auch neue Möglichkeiten in der Beratung.

Für das POS-Kind, wie übrigens auch für andere in ihrer Entwicklung beeinträchtigte Kinder, wird es darauf ankommen, ob es in der Beratung gelingt, die Belastungen von einzelnen Schultern zu nehmen, auf die Beteiligten zu verteilen, damit eine neue Beziehungsbasis entsteht, auf der Förderung erst möglich wird.

Die Kinderärztin

Das frühkindliche psychoorganische Syndrom: Erscheinungsbild, Behandlung, Prognose

von Dr. med. Lislott Ruf-Bächtiger

Kinder mit einem frühkindlichen psychoorganischen Syndrom (abgekürzt POS) sind anders als andere Kinder. Nicht, wie Aussenstehende oft meinen, dümmer und böser, aber anders als andere Kinder. Dieses Anderssein schafft Unbehagen, verwirrt, stösst ab, weil es unerklärlich erscheint. Eltern und Lehrer stehen vor einem Rätsel, warum es gewisse Kinder so viel schwerer haben im Leben als andere. In einer Zeit, in der so vieles der Mutter-Kind-Beziehung und dem Milieu des Elternhauses zur Last gelegt wird, sucht man den Fehler in der Regel zuerst hier. Eltern, und besonders Mütter, können dadurch in eine schwere Krise geraten, weil sie die Schwierigkeiten ihres Kindes ihrem eigenen vermeintlichen Versagen zuschreiben. Es bedeutet deshalb in der Regel eine grosse Entlastung für sie, wenn ihnen gezeigt werden kann, warum bei ihrem Kind gewisse Verhaltensauffälligkeiten bestehen.

Ursachen und Häufigkeit

Einem frühkindlichen psychoorganischen Syndrom liegen leichte Hirnfunktionsstörungen zugrunde. Diese Hirnfunktionsstörungen beruhen darauf, dass einesteils gewisse Systeme des Gehirns langsamer reifen als bei gesunden Kindern und anderenteils die Verbindungswege zwischen den Hirnzellen teilweise mangelhaft aufgebaut werden. Daran sind zum Teil biochemische Störungen an den Kontaktstellen der Nervenzellen beteiligt, zum Teil werden zahlenmässig weniger oder fehlerhaft verknüpfte Kontaktstellen zwischen den Nervenzellen gebildet. Das Gehirn ist jedoch nicht defekt wie bei einem Kind mit einer eigentlichen Hirnschädigung, und es ist auch nicht das ganze Gehirn von dieser mangelhaften oder verzögerten Hirnreifung betroffen. Das logische Denken, das Interesse an der Umwelt, die Wissbegierigkeit sind bei POS-Kindern durchaus altersgemäss. So ist denn auch die Intelligenz grundsätzlich normal. Es sind nur Teilfunktionen, welche betroffen sind, diese jedoch in einem Ausmass, dass das Kind in unserer Leistungsschule echt behindert ist.
Die Ursache dieser teilweise verzögerten und mangelhaften Hirnreifung ist im Einzelfall nicht immer festzustellen. Manchmal finden sich Hinweise für einen Sauerstoffmangel während der Schwangerschaft, während der Geburt oder in den ersten Lebenswochen, wobei möglicherweise Erbfaktoren darüber entscheiden, ob ein gegebener Sauerstoffmangel zu einer Schädigung führt oder nicht. Viele Beobachtungen deuten darauf hin, dass die Störung auch direkt vererbt werden kann. Extrem selten kommt als Ursache eine Stoffwechselstörung in Frage. Für die Eltern ist es wichtig zu wissen, dass in jedem Fall primär eine körperliche Ursache vorliegt und nie ungünstige Familienverhältnisse oder Erziehungsfehler zu einem POS führen.
Das frühkindliche POS ist häufig, wobei Knaben öfters befallen sind als Mädchen. Nicht jedes POS-Kind ist gleich schwer betroffen, und es gibt fliessende Übergänge sowohl zum hirngesunden wie zum deutlich hirngeschädigten Kind. Allgemein kann man sagen, dass mindestens 5 Prozent aller Kinder Hirnfunktiosstörungen in einem Ausmass aufweisen, dass es zu einem deutlichen Leidensdruck von Kind und Umgebung kommt.
Hirnfunktionsgestörte Kinder gab es schon immer, das POS ist keine Modekrankheit. So weiss man aus Schilderungen von Zeitgenossen, dass beispielsweise Pestalozzi, Churchill und Einstein daran litten. Dass heute von diesem Syndrom so viel gesprochen wird, liegt daran, dass die Erwartungen an Kinder grösser geworden sind. In früheren Zeiten fielen die Schwierigkeiten dieser Kinder in einer Bauernfamilie beispielsweise weniger ins Gewicht. Oder die Kinder wurden als dumm, bös und faul abgetan und wa-

ren die schwarzen Schafe ihrer Familie, mit allen entsprechenden Folgen für ihr weiteres Leben.

Erscheinungsbild

Es sind immer drei Bereiche, welche von der verzögerten und mangelhaften Reifung betroffen sind:

1. Wahrnehmung
2. motorische Koordination
3. psychische Funktionen

1. Wahrnehmungsstörungen

Alles was wir mit unserem Körper spüren, sehen und hören, wird mit den Sinnesorganen aufgenommen, über die Nerven ins Gehirn geleitet und dort verarbeitet. Diese Aufnahme und Verarbeitung nennt man Wahrnehmung. Es gibt verschiedene Wahrnehmungsbereiche. Bei POS-Kindern sind es der Tast- und Bewegungssinn (=taktil-kinaesthetischer Wahrnehmungsbereich), die Verarbeitung gehörter (=auditive Wahrnehmung) und gesehener Reize (=visuelle Wahrnehmung), welche beeinträchtigt sein können, während der Geruchs- und Geschmackssinn hier keine Rolle spielen.
Immer ist der Tast- und Bewegungssinn betroffen. Wenn das Kind beispielsweise etwas berührt, sind die Rückmeldungen ins Gehirn sowie die Impulsgebung für die Bewegungsabläufe fehlerhaft. Das heisst, dass das Kind beim Berühren von Gegenständen deren Beschaffenheit und Veränderbarkeit nicht in allen Feinheiten erfasst, und dementsprechend seine Bewegungen nicht restlos adäquat sind. Wenn es etwas in die Hand nimmt, wenn es schreibt oder zeichnet, drückt es zum Beispiel zu stark oder zuwenig. Wenn es sich rascher bewegt, wird auch gleichzeitig die Muskelkraft erhöht, so dass es beispielsweise beim Rennen trampelt und beim raschen Türöffnen fast die Türfalle ausreisst. Wegen mangelhafter Wahrnehmung taktiler Reize, Reizen also, welche vom Tastsinn der Haut ausgehen, bemerkt das Kind Beschmutzung und nachlässige Kleidung nicht, es merkt also nicht, wenn sein Mund schmutzig ist, Knöpfe offen sind und das Hemd hinten heraushängt. – Da auch die Speicherung von Erfahrungen im Tast- und Bewegungssinne mangelhaft ist, kommt es zu einem erschwerten Erlernen und zu einer mangelhaften Ausführung von automatisierten Bewegungsabläufen wie Schuhebinden, Schreiben, Stricken usw.

Daneben ist oft, aber nicht immer, der Bereich der auditiven und/oder visuellen Wahrnehmung betroffen. So kann das Kind Mühe haben, in einem oder beiden von diesen Sinnesbereichen aus der Vielzahl der Signale nur die wesentlichen wahrzunehmen und die anderen zu unterdrücken. Wenn wir ein Menschengesicht, eine Landschaft oder ein Bild betrachten, wird in unserem Gehirn keine photographisch genaue Abbildung wahrgenommen; wir registrieren nur einzelne wesentliche Punkte. Desgleichen beim Zuhören:

Wenn wir einen Vortrag hören oder Musik auf uns einwirken lassen, «überhören» wir Nebengeräusche wie Husten, Knarren von Stühlen oder Verkehrslärm vor dem Fenster. Man nennt dies Figur-Hintergrund-Differenzierung. Diese Figur-Hintergrund-Differenzierung kann dem POS-Kind Mühe bereiten. Es nimmt vielleicht nur Einzelheiten wahr und übersieht oder überhört Zusammenhänge.

Weiter kann das Kind Schwierigkeiten haben, minime Unterschiede im auditiven und/oder visuellen Bereich wahrzunehmen, es hat eine verminderte Diskriminationsfähigkeit in dieser Beziehung. Es hört also beispielsweise nicht aus dem Tonfall der Stimme, ob eine Aussage lobend oder ironisch gemeint ist, ob der drohende Ton in der Stimme des Vaters bedeutet, dass es ernst gilt oder dass der Vater noch mit sich reden lässt. Desgleichen erkennt es in der Mimik seiner Mitmenschen kleinste Nuancen nicht.

Schliesslich kann die Merkfähigkeit für auditive oder visuelle Reize herabgesetzt sein, so dass es erst nach mehrfachen Wiederholungen zu einer Speicherung der Reize kommt, das Kind also erst nach wiederholtem Hören oder Sehen etwas behalten kann.

Weiter kann die Übertragung von einem Sinnesgebiet in ein anderes beeinträchtigt sein, indem Wahrnehmungen und Erfahrungen in einem Sinnesgebiet nur mangelhaft mit solchen aus anderen verknüpft werden können.

Oft ist die sogenannte seriale Leistung vermindert, das heisst zeitlich aufeinander folgende Reize werden nicht mehr erfasst, wenn sie ein gewisses Mass überschreiten. Wenn also das Kind beispielsweise im Turnunterricht einen längeren Bewegungsablauf nachahmen soll, hat es den Anfang bereits vergessen, wenn der Lehrer mit dem Vorturnen zu Ende ist. Wenn ihm die Mutter in einem langen Satz ohne Pause den Auftrag gibt, im Keller von den Äpfeln hinten links welche zu bringen, sowie eine Flasche Öl aus dem Schrank rechts zu holen und auf dem Rückweg auf der Kellertreppe seine Schuhe zu deponieren, so macht es bestimmt die Hälfte verkehrt, weil sein Gehirn eine derart lange Information nicht aufnehmen kann. Und in der Schule weiss es nicht mehr, was es nun soll, wenn der Lehrer in einem Atemzug den Kindern befiehlt, im Rechenbuch auf Seite 43 mit der Rechnung 17 zu beginnen und alle Plus-Rechnungen grün und alle Minus-Rech-

nungen braun zu schreiben. Jeder Mensch hat eine verminderte seriale Leistung, wenn er müde oder mit anderen Gedanken beschäftigt ist; bei manchen POS-Kindern ist diese «Unaufmerksamkeit» jedoch ein Dauerzustand.
Ganz allgemein ist die sogenannte Kanalkapazität vermindert, das heisst die Menge der Informationen, welche das Gehirn gleichzeitig aufnehmen kann, ist reduziert. Das Kind kann deswegen auch nicht gleichzeitig verschiedene Aufgaben bewältigen und alles realisieren, was es gleichzeitig zu hören, zu sehen und zu fühlen gibt.

Nie sind bei einem einzelnen POS-Kind alle diese Wahrnehmungsfunktionen gleichermassen beeinträchtigt, sonst wäre es ja ein debiles Kind, das in allen Lernbereichen Mühe hat. Es sind immer nur einzelne Funktionen betroffen. Beispielsweise hat ein Kind eine schlechte auditive Merkfähigkeit, scheint also nicht zuzuhören, wenn man mit ihm redet und vergisst vieles wieder, was es gehört hat; dafür kann es ganz ausgezeichnet beobachten, sieht alles, behält alles, was es sieht, und kann somit teilweise seine Ausfälle im auditiven Bereich kompensieren.

Diese Wahrnehmungsstörungen beeinträchtigen die Entwicklung des Kindes grundlegend. Bereits als Säugling hat das hirnfunktionsgestörte Kind als Folge der taktil-kinaesthetischen Minderleistungen Mühe, die Umwelt adäquat zu erfassen. Was räumliche Beziehungen sind, erlebt ein Kind zuerst einmal durch Betasten sowie durch Überwinden von Distanzen, erst später kommt die visuelle Kontrolle dazu. Wenn nun die Informationen, welche ein Kind über den Tast- und Bewegungssinn erhält, mangelhaft verarbeitet werden, wird es Schwierigkeiten mit räumlichen Vorstellungen bekommen. Später führt dies zu Problemen in der Bewältigung von Denksystemen, da unser Denken an räumliche (und zeitliche) Vorstellungen gebunden ist. Auch der Umgang mit Zahlen, Mengen und geometrischen Formen ist bei einer gestörten Raumerfassung erschwert, so dass hirnfunktionsgestörte Kinder nicht selten in diesen Bereichen Schwierigkeiten haben (Rechenschwäche = Dyskalkulie).
Wenn ein Kind auditive und visuelle Eindrücke wie oben beschrieben nicht bis in alle Feinheiten differenzieren kann, fehlt ihm eine wesentliche Kontrolle seines Verhaltens. Es ersieht aus der Reaktion seiner Mitmenschen nicht, wie sein Verhalten auf die Umwelt wirkt, es merkt nicht, wenn es sich distanzlos und aufdringlich benimmt, weil es das Unbehagen seiner Mitmenschen nicht richtig wahrnimmt. Es wirkt deswegen unberechenbar und benimmt sich unangepasst. Auch fühlt es sich insbesondere als Kleinkind, allein gelassen, wenn ihm Mimik und Tonfall seiner Mitmenschen

nicht signalisieren, was von einer unbekannten Situation zu halten ist. Jeder ältere Säugling beispielsweise vergewissert sich in ungewohnter Umgebung mit einem Blick auf Mutters Gesicht und durch das Hören auf den Tonfall ihrer Stimme, ob die Situation bedrohlich ist. Bleibt Mutters Gesicht gelöst und ihre Stimme gelassen, fühlt sich auch das Kind bald einmal wohl. Diese Rückversicherung hat das wahrnehmungsgestörte Kind nicht, es ist somit allen unbekannten Situationen schutzloser ausgeliefert.
Im weiteren kommt es im Zusammenhang mit auditiven Wahrnehmungsstörungen nicht selten zu einer verzögerten oder gestörten Sprachentwicklung. Das Kind sagt vielleicht zeitgerecht erste Worte, korrekte Sätze lassen aber lange auf sich warten, und später hat das Kind Mühe, die Sprache variationsreich anzuwenden, Mühe mit dem schriftlichen Ausdruck, mit der korrekten Bezeichnung von Dingen und Tätigkeiten, mit dem Auswendiglernen und, im Zusammenhang mit einer auditiven Differenzierungsschwäche, mit der Rechtschreibung. Wenn noch Störungen in der Umsetzung von Buchstabenfolgen in Lautverbindungen dazukommen, ist oft das Lesenlernen sehr erschwert, und man spricht von einer Lese-Rechtschreibe-Schwäche (Legasthenie).

2. Motorische Koordinationsstörungen

Die Bewegungen des Kindes können hastig oder verlangsamt, ungeschickt, plump, unharmonisch und steif sein und nicht in allen Feinheiten seiner Steuerung gehorchen. Die Schwierigkeiten beginnen manchmal gleich nach der Geburt, indem das Kind Trinkschwierigkeiten hat, weil ihm eine gestörte Mundmotorik kein korrektes Saugen erlaubt. Als Säugling lernt es vielleicht verspätet sitzen, krabbeln und gehen. Oder es lernt dies zeitgerecht oder vielleicht sogar verfrüht, aber in einer Art, die erkennen lässt, dass alle diese Bewegungen nicht ganz korrekt gesteuert sind. Es fällt deshalb auch besonders häufig hin, und was es in die Hand nimmt, geht öfters kaputt als bei anderen Kindern. Meist hat es Mühe mit dem Erlernen differenzierter koordinierter Bewegungen wie Dreiradfahren, Hüpfen, Ankleiden, Schuhebinden, Essen mit Messer und Gabel, Einschenken und dergleichen. Eine schöne Schrift ist nicht seine Stärke, die Buchstaben sind verschieden gross, halten sich nicht an Linien und Abstände. Im Turnen hat es Mühe mit gymnastischen Übungen, mit gegenläufigen Bewegungen von Armen und Beinen, es kann den Rhythmus des Tambourins schlecht auf seine Schrittlänge übertragen und nicht im Takt zu einem Lied klatschen. Manchmal besteht eine Störung des Sprechens, indem die Stimme des Kindes zu laut oder zu leise ist, der Sprachfluss abgehackt oder monoton ist,

das Singen unrein tönt, nicht weil das Kind unmusikalisch wäre, sondern weil es seine Stimmbänder nicht richtig steuern kann. Oft wird der Mund dauernd offen gehalten, und als Kleinkind geifert es übermässig stark. Manche dieser Kinder zeigen eine ausgesprochene Bewegungsunruhe, können nicht lange sitzen und drehen dauernd etwas in den Fingern herum, sind, wie der entsprechende Ausdruck heisst, hyperaktiv. Andere sind ausgesprochen bewegungsarm.
Diese motorischen Koordinationsstörungen beruhen zu einem Teil auf den oben beschriebenen Wahrnehmungsstörungen im Bereich des Tast- und Bewegungssinns. Dazu kommt aber, und dies ist vorallem für die Diagnosestellung wichtig, eine minimale zerebrale Lähmung, welche die Kinder in ihren Bewegungen behindert. Die sogenannten pathologischen Bewegungsmuster und andere neurologische Auffälligkeiten, welche zerebral gelähmte Kinder zeigen, sind bei POS-Kindern in ganz minimer, für den Laien nicht auffallender Ausprägung vorhanden, eben als Ausdruck ihrer Hirnfunktionsstörungen. Und drittens ist die Motorik wegen der verzögerten Hirnreifung generell teilweise unreifer. Es sind also die taktilkinästethischen Wahrnehmungsstörungen, die minimale Zerebralparese sowie die neuromotorische Reifungsverzögerung, welche zu den eingangs beschriebenen motorischen Koordinationsstörungen führen.

3. Verzögerte psychische Reifung

Die verzögerte Reifung gewisser psychischer Funktionen erschwert dem Kind die Bewältigung aller Probleme, die ihm aus seinen Wahrnehmungsstörungen und seinen motorischen Koordinationsstörungen erwachsen. In manchem verhält sich das POS-Kind wie ein jüngeres Kind, wirkt deshalb oft naiv und ist in viel grösserem Mass als seine Altersgenossen von seiner Mutter abhängig.
Zu den psychischen Teilfunktionen, die später reifen, gehört zum Beispiel das «Fremden». Oft beginnt das POS-Kind später als normal zu «fremden» und bleibt viel länger in dieser Entwicklungsphase, «fremdet» vielleicht noch beim Kindergarteneintritt, was ihm – und seiner Mutter – diesen Eintritt zur Qual macht. Oder das Kind bleibt gar in der Phase vor dem «Fremden» stecken, zeigt überhaupt keine Scheu vor fremden Menschen, nimmt wie ein Säugling mit jedermann Kontakt auf, bleibt aber in seiner Kontaktfreudigkeit etwas oberflächlich in den Beziehungen.
Weiter spielt sich oft die Trotzphase nicht altersgerecht ab, indem sie ebenfalls viel länger und heftiger verlaufen kann.

Dann ist es vor allem die Konzentrationsfähigkeit, welche sich nicht altersentsprechend entwickelt. Wie ein kleines Kind kann sich das POS-Schulkind bei Aufgaben, welche nicht sein ungeteiltes Interesse erregen, nicht lange konzentrieren und lässt sich leicht ablenken.
POS-Kinder zeigen oft eine deutliche Reizüberempfindlichkeit. Besonders als Kleinkinder erinnern sie einen an Frühgeburten, welche auf alle Aussenreize überstark reagieren.
Weiter kann sich das POS-Kind wie ein kleines Kind nur schlecht beherrschen, brüllt los, wenn ihm etwas nicht passt, weint leicht, überbordet auch in der Freude und wechselt rasch seine Stimmungen. Wie ein kleines Kind ist es häufig egoistisch, zeigt noch kein altersgemässes Mitleid, erträgt Zeitdruck und Frustrationen schlecht. Sein Spielverhalten ist teilweise unreif. Es neigt zu archaischen Verhaltensmustern wie Angriff und Flucht. Es verharrt im Gewohnten und hat Mühe, sich umzustellen. Ganz allgemein ist sein Antrieb erhöht oder erniedrigt. Wenn man von ihm ein Verhalten verlangt, welches seinem eigentlichen Alter entspricht, ist es überfordert. Insbesondere in Stress-Situationen wird die Symptomatik der psychischen Retardierung verstärkt, und es kommt deshalb zu einer ausgeprägten Leistungs- und Verhaltensinkonstanz, zu guten und schlechten Tagen des POS-Kindes. Belastende Situationen wie Müdigkeit, Angst, Hunger, Wetterwechsel, Erkrankung, Kummer und Sorgen führen zu einer Verschlimmerung der Verhaltensauffälligkeiten, wobei der Umgebung nicht immer ersichtlich wird, dass das Kind unter Stress steht, und die Schwankungen in Leistung und Verhalten deshalb oft unerklärlich erscheinen.
Weiter ist oft der vegetative Bereich betroffen. Schlaf und körperliches Wohlbefinden können leicht störbar sein, so dass das Kind zuwenig oder zuviel schläft, zu Misstimmungen neigt, als Säugling ununterbrochen oder überhaupt nicht schreit. Eine ausgesprochene Wetterfühligkeit kann vorliegen, die Schmerzempfindlichkeit kann erhöht oder erniedrigt sein, ebenfalls die Reaktion auf Aussentemperaturen.

Es sind somit bei jedem POS-Kind Hirnfunktionsstörungen im Bereich der Wahrnehmung, der Motorik und der Psyche (inkl. vegetativer Bereich) vorhanden. Das Ausmass dieser drei Grundstörungen ist unterschiedlich und entspricht sich nicht immer, das heisst ein Kind mit deutlichen motorischen Auffälligkeiten hat nicht zwangsläufig auch schwere Wahrnehmungsstörungen und umgekehrt. Von einem frühkindlichen POS sollte nur gesprochen werden, wenn alle drei Grundstörungen vorliegen. Es gibt Kinder mit isolierten leichten motorischen Störungen und solche mit isolierten leichten Wahrnehmungsstörungen. Diese Kinder stehen niemals unter einem derartigen Leidensdruck wie POS-Kinder, weil die Auswirkungen der psychi-

schen Retardierung fehlen; sie behaupten sich deshalb im Leben ohne unterstützende Massnahmen.
Als Folge all dieser Hirnfunktionsstörungen kommt es bei jedem POS-Kind zu einer *inneren Unsicherheit.* Vieles, was es möchte, kann es nicht. Im Kindergartenalter beispielsweise können alle anderen Kinder auf einem Bein hüpfen, das motorisch gestörte POS-Kind jedoch kann es noch nicht. Die anderen Kinder können Puzzle machen und phantasievoll zeichnen, das Kind mit visuellen und Raumerfassungs-Störungen jedoch nicht. In der Schule lernen alle anderen Kinder ohne besonderen Aufwand Lesen und Schreiben, dem legasthenen POS-Kind fällt dies schwer, obwohl es, und das merkt es genau, nicht dümmer ist als seine Schulkameraden. Im Kontakt mit anderen Menschen erregt es immer wieder Anstoss, ohne dass es im einzelnen weiss warum, da ihm Mimik und Tonfall der Mitmenschen ja nicht signalisieren, wann es zu weit geht. Und wegen der verminderten Kanalkapazität achtet es sowieso nicht auf die Reaktion der Umgebung, wenn es voll bei irgendeiner Tätigkeit dabei ist, wobei dies wegen der psychischen Unreife eben oft eine Tätigkeit ist, die der Umgebung nicht genehm ist. Vieles, was es will, kann es nicht so wie es möchte, und vieles, was es kann und tut, erregt Anstoss bei den Mitmenschen, die ihm das auch zu verstehen geben, ohne dass das Kind im einzelnen weiss warum; wen wundert es da, dass jedes POS-Kind innerlich unsicher ist.
Diese innere Unsicherheit ist nicht immer offensichtlich. Vielleicht überspielt sie das Kind mit clowneskem oder läppischem Verhalten oder aber mit besonders forschem Draufgängertum. Oder es resigniert, zieht sich zurück, wird scheu und gehemmt.
So oder so lässt die innere Unsicherheit das POS-Kind in einer neuen, unbekannten Situation erst einmal Verwirrung oder Angst empfinden. Dadurch wird seine Aufnahmefähigkeit blockiert, und es kann viele neue Eindrücke gar nicht aufnehmen, weil es damit beschäftigt ist, den Überblick zu gewinnen und die Angst zu bewältigen. Es wird deswegen mit der Zeit in manchem echt retardiert sein.

Sekundäre Neurotisierung

Alle oben geschilderten Symptome sind der Umgebung des Kindes wahrscheinlich schon lange aufgefallen, und es wurde in Unkenntnis ihrer Ursache versucht, ihnen mit erzieherischen Massnahmen zu begegnen – Massnahmen, deren Spannweite von eisernem Training bis zu resigniertem «dem Kind den Willen lassen» reichten. Da sie nicht in nützlicher Frist zu einer Normalisierung des Kindes führten, wurde die Bedrängnis von Kind

und Eltern immer grösser. Die verunsicherten Eltern versuchen einmal diese Erziehungsmethode, einmal jene, einmal mehr Liebe, einmal mehr Strenge. Dies bringt eine zusätzliche Verunsicherung ins Leben des Kindes, weil es nun überhaupt nicht mehr weiss, woran es sich halten soll. Die Eltern suchen mit all ihren Möglichkeiten, vermeintliche Ursachen der Verhaltensauffälligkeiten des Kindes zu beheben, sehen aber keinen dauerhaften Erfolg ihrer Bemühungen und können deswegen in grosse Verzweiflung geraten. Insbesondere Mütter können auf diese Weise schwer depressiv werden.
Dass auch das Kind seinerseits auf eine derart verunsicherte Umgebung reagiert, ist nicht verwunderlich. Sekundäre reaktive Störungen wie Bettnässen, Nägelkauen, Kopfweh, Bauchweh, Stottern, Schlafstörungen und anderes sind deshalb beim POS-Kind nicht selten.
Was aber noch weitaus schlimmer ist, ist folgendes: POS-Kinder merken sehr wohl, dass sie auf ihre Umgebung nicht wie eitel Sonnenschein wirken; dass die Eltern immer die Geschwister anlächeln und sie nicht, dass ihnen vom Säuglingsalter an ungleich seltener als normalen Kindern strahlende, stolze Elternblicke zuteil werden; dass die Eltern sich irgendwie ihrer schämen und die Grossmutter frägt, ist es denn noch nicht besser mit ihm. All dies und die tägliche Erfahrung, den Anforderungen nicht zu genügen, bewirkt, dass jedes POS-Kind nicht viel von sich hält, dass es ein *mangelndes Selbstwertgefühl* entwickelt.
Als Reaktion auf diese Kränkung des Selbstbewusstseins kann es Verhaltensweisen zeigen, welche ihm und seiner Umgebung das Leben zusätzlich erschweren: es versucht, häufig mit unpassenden Methoden, Aufmerksamkeit zu erregen und sich in den Mittelpunkt zu stellen; es führt einen Kampf um Überlegenheit, wo es Trotzen und Rebellentum einsetzt; es kann sich so in seiner Enttäuschung verstricken, dass es Vergeltung und Rache sucht; oder es verfällt, als schlimmste Möglichkeit, der Resignation, wird zum Tagträumer, der sich in eine ideale Traumwelt zurückzieht oder Grössenideen entwickelt.
Jedes POS-Kind ist unsicher und hat ein mangelndes Selbstwertgefühl. Wie ausgeprägt diese Störung jedoch ist, hängt ganz entscheidend davon ab, wie Eltern und Umgebung auf die Schwierigkeiten des Kindes reagieren. Ich bin überzeugt, dass es für Eltern, Verwandte und Lehrer einfacher ist, angemessen zu reagieren, wenn sie wissen, warum das Kind Schwierigkeiten hat. Die Situation wird durch dieses Wissen wesentlich entspannter und erträglicher. Man kann jedoch mit Eltern und Lehrern nur reden, wenn man die Hirnfunktionsstörungen des Kindes beim Namen nennt. Die Angst vor der Abstempelung des Kindes durch die Diagnose POS ist verständlich, aber nicht berechtigt, da die Vorteile einer offenen Beratung die Nachteile der Abstempelung bei weitem überwiegen.

Erfreuliche Eigenschaften des POS-Kindes

POS-Kinder haben nicht nur belastende, sondern auch ganz erfreuliche Eigenschaften, welche über die individuelle Veranlagung hinausgehen. So sind sie ausserordentlich feinfühlig und sensibel. Es ist, als ob ihre Seele ungeschützt den Stimmungen der Mitmenschen ausgesetzt wäre, als ob ihnen ein Filter fehlen würde, der sie vor überstarken Eindrücken schützt, gleich wie auch ihre eigenen Stimmungen ungebremst und ungefiltert in die Aussenwelt gelangen. Dieses Einfühlungsvermögen hindert sie allerdings nicht daran, ihre Nächsten zu verletzen, wenn sie selber verletzt sind. Weiter sind sie enorm begeisterungsfähig und können in ihrer Freude die ganze Umgebung mitreissen. Dann sind sie nicht nachtragend. Auch wenn sie den grössten Familienstreit heraufbeschworen haben, leiden sie nicht lange darunter, haben bald alles vergessen und erwarten dasselbe von ihrer Umgebung. Und schliesslich können sie ein Ziel, das sie sich einmal in den Kopf gesetzt haben – jedoch leider nicht Ziele, die ihnen die Eltern gesetzt haben – sehr unbeirrt verfolgen. Sie haben deshalb nicht selten Hobbies (Modellbau, Schach, Gesteinskunde, Astronomie), in denen sie kleine Meister sind. Und da sie seit frühester Kindheit lernen mussten, ihre Wahrnehmungsstörungen zu kompensieren, werden sie später oft originelle Problemlöser.

Behandlung

Grundsätzlich gibt es für alle diese Hirnfunktionsstörungen Behandlungsmethoden. Physiotherapie und Koordinationsturnen versuchen, die motorischen Koordinationsstörungen zu verbessern. Wahrnehmungstraining (inkl. teilweise Logopädie und Legasthenietherapie sowie eventuell Ergotherapie) richten sich gegen Wahrnehmungsstörungen. Psychomotorische Therapie beeinflusst sowohl motorische Koordinationsstörungen wie Wahrnehmungsstörungen. Ob überhaupt und welche dieser Behandlungsmethoden im Einzelfall angezeigt ist, kann nur nach einer sorgfältigen Abklärung entschieden werden. Da das Kind mehrere gleichzeitige Therapien nicht bewältigen kann, soll dort eingegriffen werden, wo der Rückstand und die Störung am grössten sind, sofern überhaupt ein Therapieplatz vorhanden ist.
Man soll sich aber keinen Illusionen hingeben: Bis jetzt gibt es keine Behandlungsmethode, welche die Hirnfunktionsstörungen wirklich behebt. Es ist mit all diesen Therapien nur eine Besserung, keine Heilung der gestörten Funktionen zu erreichen. Allerdings ist dem Kind auch mit einer blossen

Besserung schon viel geholfen. Und ungeachtet der Verbesserung der gestörten Funktionen haben diese Therapien einen weiteren unschätzbaren Wert: Hier findet das POS-Kind oft einen Menschen, vor dem es sich seiner Schwächen nicht schämen muss, der es so wie es ist akzeptiert und der auch ermessen kann, wie schwerwiegend es durch seine Hirnfunktionsstörungen in seiner Schullaufbahn behindert ist.
Weiter lassen sich manchmal Antriebs- und Konzentrationsstörungen mit bestimmten Medikamenten günstig beeinflussen. Wie bereits kurz erwähnt, liegen ja den Hirnfunktionsstörungen teilweise gestörte, verlangsamte Stoffwechselvorgänge in den Nervenzellen zugrunde. Deshalb führen paradoxerweise anregende Medikamente zu einer Beruhigung des Kindes, eben weil sie diese Stoffwechselvorgänge beschleunigen und damit normalisieren, während übliche Beruhigungsmittel einen gegenteiligen Effekt haben und das Kind noch unruhiger werden lassen. – Leider entfalten allerdings diese anregenden Medikamente nicht bei jedem POS-Kind ihre ausgleichende Wirkung. Ein Versuch lohnt sich aber immer. Nach 3 bis 4 Wochen mögen Eltern und Lehrer entscheiden, ob das Kind ausgeglichener und beherrschter und die Konzentration besser geworden ist und sich somit ein Weiterführen der Therapie lohnt. Schädigende Nebenwirkungen dieser Medikamentengruppe gibt es bei Kindern nicht, insbesondere auch keine Suchtgefahr.
Immer wieder wird nach der Notwendigkeit einer Psychotherapie gefragt. Nach meiner Erfahrung können die Verhaltensauffälligkeiten eines POS-Kindes massiv sein und auf den Uneingeweihten erschreckend wirken, ohne dass eine schwere zusätzliche seelische Störung vorliegen muss. Da diese Verhaltensstörungen vorwiegend der Ausdruck der Hirnunreife sowie des Überfordertseins sind, verschwinden sie spontan mit zunehmendem Reifegrad des Gehirns, weil sich damit das Leistungsvermögen der POS-Kinder immer mehr demjenigen hirngesunder Kinder angleicht und die krankmachenden Ursachen somit verschwinden. Es ist deshalb entscheidend wichtig, dass bei einem Problemkind die Diagnose frühkindliches POS nicht übersehen wird, weil sie ein völlig anderes Vorgehen verlangt. Psychotherapie ist bei POS-Kindern nur dann angezeigt, wenn die sekundäre Neurotisierung so schwerwiegend ist, dass sie dem Kind jede Lebensfreude nimmt. Auf die sogenannten Grundstörungen des POS (Auswirkungen der motorischen Koordinationsstörungen, der Wahrnehmungsprobleme und insbesondere der verzögerten psychischen Reifung) hat sie keinen Einfluss. Psychiatrische Hilfe sollte also dann gesucht werden, wenn die Eltern aufgrund ihrer eigenen Problematik dem POS-Kind nicht gerecht werden können.

Erzieherische Massnahmen

Keine auch noch so geartete Behandlungsmethode vermag ein POS zu heilen. Im besten Fall kommt es immer nur zu einer Besserung der gestörten Hirnfunktionen. Hingegen vermag man etwas nicht minder Entscheidendes: Man kann dem POS-Kind ermöglichen, sein Leben trotz seiner Hirnfunktionsstörungen zu bewältigen, und zwar indem man sich um die richtige Einstellung zu seinen Schwierigkeiten bemüht. Nur schon die richtige Einstellung führt manchmal zu einer verblüffenden Besserung der Verhaltensstörungen. Richtige Einstellung heisst, zuerst und vor allem zu akzeptieren, dass das Kind Hirnfunktionsstörungen hat. Das tönt banal, ist es aber im täglichen Leben keineswegs. Wenn das Kind beim Essen am Familientisch wegen seiner motorischen Ungeschicklichkeit den Tisch und seinen Pullover beschmutzt, heisst es, pass doch endlich einmal auf beim Essen, du bist jetzt alt genug; wenn es wegen seiner motorischen Unruhe dauernd auf dem Stuhl wackelt und mit Gegenständen auf dem Tisch spielt statt zu essen, heisst es, jetzt sitz doch endlich einmal ruhig; wenn es wegen seinem kleinkindlichen Mitteilungsbedürfnis dauernd mit Belanglosigkeiten die Gespräche der anderen Familienmitglieder unterbricht, heisst es, schweig jetzt endlich einmal, die anderen wollen auch reden; wenn es dann als Folge dieser dauernden Zurechtweisungen den Tischnachbar zu necken beginnt, heisst es, fang nicht immer Streit an mit deinem Bruder; und wenn es schliesslich in ein Wutgebrüll ausbricht, weil die Schwester vermeintlich mehr Dessert erhalten hat, klopft der Vater auf den Tisch und sagt, jetzt reicht's mir aber, kann man denn nicht einmal mehr in Ruhe essen. Wenn das Kind bei den Hausaufgaben keine Ausdauer zeigt; wenn es vergisst, was man ihm gsagt hat; wenn sich der Vater hinsetzt und in Ruhe mit dem Kind Schulstoff repetieren will, aber gerade einen schlechten Tag erwischt, an dem das Kind zwei und zwei nicht zusammenzählen kann: dann heisst es, jetzt nimm dich endlich zusammen, du könntest schon, wenn du wolltest. All diese an sich harmlosen und gutgemeinten Zurechtweisungen verbessern die motorischen Koordinationsstörungen, die Hyperaktivität, die psychische Unreife und die Wahrnehmungsstörungen in keiner Weise. Sie bestärken aber das Kind einmal mehr in seiner Ansicht, dass es nicht recht ist, so wie es ist, dass es von den Eltern weniger geliebt werde als seine Geschwister, auch wenn diese Ansicht irrig ist.

Nun daraus den Schluss ziehen zu wollen, man müsste allem den Lauf lassen, wäre allerdings völlig verfehlt. Eine verwöhnende Erziehung, das heisst eine Erziehung, welche dem POS-Kind alle Schwierigkeiten aus dem Weg räumt und ihm die Auseinandersetzung mit den Forderungen der Welt erspart, würde aus ihm einen lebensuntauglichen Menschen machen. POS-

Kinder haben es ausgesprochen nötig, dass man ihnen Grenzen setzt, da sie als Folge ihrer Wahrnehmungsstörungen und ihrer psychischen Unreife Grenzen nicht selber erkennen. Diese Grenzen sollen aber so gewählt werden, dass vom POS-Kind nichts Unmögliches verlangt wird, dass also seine Hirnfunktionsstörungen akzeptiert werden. Ein Beispiel: Wenn ein POS-Kind dauernd sein jüngeres Geschwister schlägt, ist das etwas, das ihm mit allem Nachdruck und notfalls mit Strafen verboten werden sollte. Denn das jüngere Geschwister würde dieses dauernde Geschlagenwerden nicht ohne Schaden überstehen. Wenn das POS-Kind sein jüngeres Geschwister schlägt, ist dies jedoch nicht zuletzt der Ausdruck dafür, dass es sehr genau merkt, dass das jüngere Kind nicht dieselben Schwierigkeiten hat. Man sollte ihm deshalb nach meiner Meinung ein Ventil lassen, mit dem es seine Wut über diese Ungerechtigkeit des Schicksals auslassen kann. Ein solches Ventil ist beispielsweise Beschimpfen. Statt seine Geschwister zu schlagen, sollte es sie beschimpfen dürfen, auch wenn dies das Bild des harmonischen Familienlebens zerstört. Es ist wichtiger, dem POS-Kind das Recht zu geben, zu seiner Wut über sein Schicksal zu stehen, als mit aller Macht ein harmonisches Familienleben herbeizwingen zu wollen. Man muss in der Erziehung von POS-Kindern Wesentliches von Unwesentlichem unterscheiden und Prioritäten setzen. Man kann aus POS-Kindern keine «gut erzogenen» Kinder machen, die sich in allen Situationen «benehmen». Wenn man dies erzwingen will, was bei anlagemässig fügsamen POS-Kindern (und auch diese gibt es) gelingen mag, dann nur um den Preis, dass Selbständigkeit, Individualität und Eigeninitiative des Kindes vollständig verschwinden und das Kind zu einer Marionette wird. Wahrlich kein lohnenswertes Ziel.
Eltern wollen ja im Prinzip das Beste für ihr Kind. Wenn sie also mit allen Mitteln versuchen, das Kind zu «normalisieren», tun sie das in der Regel vor allem deshalb, weil sie fürchten, dass ihr Kind wegen seiner Verhaltensauffälligkeiten von der Umgebung weniger geliebt und im Leben weniger Erfolg haben werde. Und in der Tat ist das hirnfunktionsgestörte Kind nicht selten ein sozialer Aussenseiter, wird von gleichaltrigen Kindern abgelehnt und erregt bei Erwachsenen Missfallen und Unmut. (Eltern wehren sich deshalb häufig gegen Massnahmen wie Einweisung in Sonderklassen und ähnliches, welche dieses soziale Aussenseitertum noch betonen.) Denn POS-Kinder sind anders als andere Kinder. Dass dieses Anderssein zu Ablehnung führen kann, ist etwas Gegebenes, fast Unvermeidliches; dass das POS-Kind unter dieser Ablehnung leidet, ebenfalls. Unerträglich wird die Situation für das Kind jedoch erst, wenn die Eltern ihre Trauer und Enttäuschung über diese schlechte soziale Integration allzu stark zeigen oder das Kind etwa gar selbst ablehnen. Solange wenigstens die Eltern ihr verhaltensauffälliges Kind von ganzem Herzen lieben und es dies auch spüren las-

sen, wird das POS-Kind an sich und der Welt nicht verzweifeln. Oft findet das Kind einen viel jüngeren oder einen viel älteren Freund, oder es schliesst sich eng an einen Erwachsenen an; nicht selten pflegt es auch bloss lockere Kameradschaften. Wenn die Eltern dies wiederum nicht als Ausdruck einer sozialen Abartigkeit erleben, sondern freudig bejahen, wird das Kind sein Anderssein weniger bemerken.

Dass das POS-Kind von gleichaltrigen Kindern abgelehnt wird, hat oft ganz handfeste Gründe. Häufig ist beispielsweise folgende Situation: Ein Kind nähert sich mit neutraler Miene dem hirnfunktionsgestörten Kind. Dieses fühlt sich fälschlicherweise bedroht, weil es Ausdruck und Haltung des fremden Kindes nicht richtig wertet; es beginnt deshalb «ohne Grund» das sich nähernde Kind zu beschimpfen oder gar zu schlagen. Dass man sich damit keine Freunde schafft, ist klar. – Weiter wird das POS-Kind von gleichaltrigen Kindern abgelehnt, weil es psychisch unreifer ist als Altersgenossen, sich vielleicht nicht an Regeln halten kann, immer befehlen will, ohne etwas wirklich Attraktives, Durchführbares befehlen zu können. Und das kleinkindliche, aufbrausende Wesen wirkt irritierend auf andere Kinder. Auch wird das POS-Kind bei Handgreiflichkeiten oft zu grob, weil es seine motorische Koordination nicht in allen Feinheiten beherrscht. Ausserdem spürt es im Moment des Kampfes den Schmerz nicht so sehr, weil es in seiner Wut eine andere Information, nämlich den Schmerz, gar nicht mehr wahrnimmt. – All dies «will» das Kind ja gar nicht, und es ist ihm unbegreiflich, dass andere Kinder nichts von ihm wissen wollen. Je nach Naturell und Reaktion der Umgebung resigniert es, unternimmt gar nichts mehr, um nur ja nicht wieder seine Unzulänglinglichkeit erfahren zu müssen. Oder aber es legt sich eine dicke Haut zu und wird ein forscher Draufgänger, den nichts mehr zu beeindrucken scheint.

Auch die besten Eltern können diese Entwicklung nicht völlig verhüten. Auch unter den besten Umständen wird ihr Kind wegen seiner Andersartigkeit auf Ablehnung stossen. Die Eltern können jedoch die Auswirkungen der mangelnden Selbststeuerung mildern, indem sie versuchen, dem Kind diese Selbststeuerung etwas zu ersetzen. Nicht mit Vorhaltungen, sondern mit neutralen Hinweisen darauf, was andere Menschen stört. Kleinere POS-Kinder werden am besten ohne Kommentar aus ungünstigen Situationen entfernt, grössere Kinder werden beiläufig unter vier Augen kurz darauf hingewiesen, was unpassend war: «Andere Menschen haben es nicht gern, wenn Du immer ihr Gespräch unterbrichst, wenn Du Dich immer an sie lehnst, wenn Du ihnen beim Grüssen nicht in die Augen blickst. Andere Kinder spielen nicht mehr mit Dir, wenn Du immer befehlen willst, ihnen die Spielsachen wegnimmst, sie zusammenschlägst.» Es sollen kurze Hinweise sein, lange Erklärungen werden sowieso nicht aufgenommen. Nicht, dass

mit diesem Vorgehen Wunder erwirkt werden. Aber nach langer Zeit stellt sich einiger Erfolg ein, und gewisse Verhaltensauffälligkeiten verschwinden.
Weiter ist es wesentlich, dass das Kind lernt, die Verantwortung für sein Handeln zu übernehmen. Dies gelingt, wenn es so weit wie möglich die Konsequenzen seines Handelns tragen muss. Das Wissen um die Ursache seiner Auffälligkeiten darf nicht dazu führen, dass alles toleriert und entschuldigt wird.
POS-Kinder haben häufig Mühe, sich sinnvoll zu beschäftigen. Schon in der Kleinkinderzeit war dies möglicherweise ein auffallendes Zeichen, das Kind sauste nur durch die Wohnung und hinterliess ein Chaos. Und in der Schulzeit fehlt die Verweildauer ebenfalls. Es wird irgend etwas in Angriff genommen, es mangelt aber an Antrieb für variationsreiches Spiel. Entweder hat das Kind bald genug und langweilt sich, oder es verfällt in stereotypes stundenlanges Hantieren, beispielsweise mit Legosteinen oder Autos, oder es bevorzugt Bewegungsspiele im Freien, fährt in der ganzen Freizeit Velo oder spielt Fussball. POS-Kinder haben oft eine sehr reiche Phantasie, sie können diese Phantasie jedoch nicht in Spiel umsetzen. Sie sind deshalb dankbar für Anregung und Anleitung, dankbar, wenn sie sich irgendwo einer Gruppe anschliessen können, wenn ein älterer Kamerad die Führung übernimmt, wenn sie als Mitläufer irgendwo dabei sein dürfen. Aus dem Spielunvermögen resultiert das masslose Verlangen des POS-Kindes nach neuen Spielsachen. Ihm nachzugeben verhilft dem Kind nicht zu einem ausdauernden Spielverhalten.
Die Unrast und Unruhe vieler hirnfunktionsgestörter Kinder ist der Feind jedes harmonischen Familienlebens. Durch einen geregelten Tagesablauf, durch eine Reduzierung der Reize, durch Gelassenbleiben der Umgebung lässt sie sich etwas dämpfen. Es bleibt der Familie aber nichts anderes übrig, als ein gewisses Mass an Unruhe in Kauf zu nehmen und schon von vornherein mit ihr zu rechnen, insbesondere bei aufregenden Unternehmungen wie Familienfeiern oder Abreise in die Ferien. Wenn man das Kind genügend lange auf ein neues Ereignis vorbereiten kann, wird es weniger überborden als durch eine unerwartete Änderung seines gewohnten Tagesablaufes.
Ein weiterer Punkt ist die harabgesetzte Konzentrationsfähigkeit, welche sich in der Schule nachteilig auswirkt und alle Eltern beschäftigt. Sie kommt auf vier Wegen zustande. Erstens zeigt das POS-Kind aufgrund seiner unreifen Hirnstrukturen eine kleinkindliche Ablenkbarkeit, die alle interessanten neuen Dinge in der Umgebung wahrnimmt und das Kind seine eigentliche Aufgabe vergessen lässt. Es sind übrigens nur ungewohnte Dinge, die die Aufmerksamkeit in Anspruch nehmen; die gewohnte Unordnung im Zimmer oder die Backgroundmusik lenken nicht ab, gleich wie auch ein

Säugling aufgehängte Spielsachen an seinem Betthimmel nicht mehr beachtet, wenn sie schon lange da hängen. Es ist also nicht nötig, dass das Arbeitszimmer und das Schulzimmer des POS-Kindes kahl sind. Was ihm ferngehalten werden muss, wenn es sich konzentrieren soll, sind ungewohnte Reize. Zweitens wird die Konzentrationsspanne kurz, wenn das POS-Kind bei geistigen Tätigkeiten wie beispielsweise Diktatschreiben mittels grosser Anstrengung Wahrnehmungsstörungen kompensieren muss und deshalb geistig bald ermüdet. Bei kurzen Arbeiten wird es also besser zeigen können, was es wirklich kann. Drittens konzentriert sich das POS-Kind oft nicht, weil es – wiederum als Folge seiner psychischen Unreife – den «Ernst der Lage» nicht erfasst. Hier hilft nur immerwiederkehrendes Mahnen an die geforderte Aufgabe. Und viertens kann sich das POS-Kind schlecht konzentrieren, wenn seine Gedanken mit etwas anderem beschäftigt sind, seien dies nun Kummer und Sorgen oder das Denken an irgendetwas, das es anschliessend unternehmen will.

Oft klagen die Eltern über die «Faulheit» ihres Kindes. Da das POS-Kind im Laufe des Tages, angefangen beim Anziehen bis zum Hausaufgabenmachen, so vieles bewältigen muss, was ihm schwerer fällt als anderen Kindern, ist es nicht verwunderlich, dass seine Energie nicht mehr für viel weiteres reicht. Wenn von ihm von vornherein immer dieselben kleinen Hilfeleistungen verlangt werden, wird es sie eher erbringen. Hier wie in der ganzen Erziehung stellt sich für die Eltern die schwierige Aufgabe, das rechte Mittelmass zu finden zwischen Unterforderung und Überforderung. Eine Aufgabe, die nicht ein für allemal gelöst werden kann, sondern täglich den Umständen entsprechend verändert werden muss. Die Grenzen, die man dem POS-Kind setzt, sollen flexibel sein, für das Kind aber erkennbar bleiben. Es weiss dann, wonach es sich richten kann und hält sich eher daran. Dass es dennoch immer wieder zu Wutausbrüchen kommen kann, gehört auch zu den zu akzeptierenden Tatsachen. Je weniger sich die Umgebung durch Wutausbrüche beeindrucken lässt, desto eher verlieren sie ihren Reiz. Mindestens werden sie durch Nichtbeachten verkürzt, manchmal hilft Ablenkung. Bei Aggressivität gegen andere Kinder bleibt nichts anderes übrig, als die Streithähne ohne viel Worte handgreiflich zu trennen und in verschiedene Räume zu bringen. Manchmal gelingt es, Situationen zu vermeiden, von denen man weiss, dass sie zu überstarken Reaktionen führen.

Ganz generell gilt, dass Handeln besser als Reden ist. Wenn das Kind etwas, das es nicht soll, in den Fingern herumdreht, ist es weniger diskriminierend für das Kind, wenn man ihm dieses Ding wortlos aus den Händen nimmt und weglegt, als wenn man zum hundertsten Mal sagt, «lass das sein». Wenn das Kind einem anderen etwas wegnimmt, fällt es weniger auf, wenn man das Spielzeug wortlos zurückgibt, als wenn man das Kind

mit den Worten blossstellt, «du sollst nicht immer den anderen Kindern die Spielsachen wegnehmen», und dergleichen mehr. Auch ist es günstig, wenn man das Kind anfasst, während man ihm etwas Wichtiges zu sagen hat, weil durch den gleichzeitigen taktilen Reiz seine Aufmerksamkeit viel eher wachgerüttelt wird. Es braucht also viel Diplomatie und viel Phantasie, wenn man bei einem POS-Kind ans Ziel kommen will.
Die moderne Psychologie hat viel Segensreiches gebracht, das sei unbestritten. Im Hinblick auf POS-Kinder hat sie aber in einem wesentlichen Punkt geschadet: Sie hat den Eltern und Erziehern weisgemacht, dass sich Kinder, welche sich in einer guten Eltern-Kind-Beziehung geborgen wissen, harmonisch entwickeln. Dem ist bei POS-Kindern nicht so. Auch in einer idealen Familie und bei einem idealen Lehrer sind hirnfunktionsgestörte Kinder nicht harmonisch, nicht ausgeglichen. Die Schlussfolgerung «unausgeglichenes Kind gleich gestörte Eltern-Kind-Beziehung» wird leider allzu oft gezogen, zum Schaden aller Beteiligten. Sowohl Eltern, Lehrer wie Kind können dadurch in einen Teufelskreis geraten, aus dem sie nur schwer wieder herausfinden. Die Eltern suchen die Ursache für die Verhaltensstörungen des Kindes bei sich, versuchen ihr mit Änderung ihres eigenen Verhaltens zu begegnen, sehen keinen Erfolg dieser Bemühungen und geraten dadurch wirklich in eine gestörte Eltern-Kind-Beziehung. Die Lehrer, insbesondere die wohlwollenden und feinfühlenden, meinen ebenfalls, dass in einem guten Schulstubenklima ein positiver Geist unter den Kindern herrschen müsse, der ein freudiges Arbeiten ermögliche; wenn nun zwei oder drei POS-Kinder in der Klasse dieses Konzept ins Wanken bringen, zweifeln und verzweifeln die Lehrer entweder an ihren pädagogischen Fähigkeiten oder/und versuchen, die störenden Kinder in eine Sonderklasse abzuschieben. Und das POS-Kind schliesslich spürt die Enttäuschung seiner Eltern und Lehrer darüber, dass soviel Liebe und guter Wille offenbar umsonst investiert wurden. Nie reagieren POS-Kinder so empfindlich, wie wenn sie Enttäuschung über ihr So-Sein spüren; und sie werden dadurch in ihrer Überzeugung bestärkt, dass sie minderwertig seien.

Das POS-Kind in der Schule

Für den Lehrer stellt sich die Frage, wie er diesem Kind in einer Schulklasse gerecht werden kann. Einige ganz einfache Massnahmen können viel zu einer Verbesserung der Situation beitragen. Wie schon erwähnt, ist das POS-Kind erhöht ablenkbar, und seine geistigen Funktionen ermüden rasch. Es kann sich also nicht stundenlang konzentrieren und nimmt vieles, was der Lehrer mit der Klasse erarbeitet, gar nicht auf. Falls sich der Lehrer bereitfindet, täglich während 10 Minuten mit dem Kind im Einzelunterricht das Wichtigste noch einmal zu repetieren, wird es im Unterricht eher mithalten können. Manche Lehrer sind bereit, Aufgaben in und nach der Schule für das POS-Kind zu reduzieren, da es nicht auf die Quantität, sondern auf die Qualität der geleisteten Arbeit ankommt. Insbesondere sollte es nicht so weit kommen, dass das Kind täglich zu Hause alles fertigschreiben muss, was es wegen seiner Langsamkeit in der Schule nicht bewältigen konnte. Den Klassenkameraden gegenüber kann dies mit den graphomotorischen Schwierigkeiten des Kindes begründet werden. – Beim Schönschreiben, Zeichnen und Turnen soll sich das Kind zwar Mühe geben; dem Lehrer muss aber bewusst sein, dass stundenlanges Üben nicht zu einer Verbesserung dieser Funktionen führt und er sich deshalb mit der redlichen Anstrengung des Kindes zufrieden geben muss. Ausserdem muss dem Lehrer klar sein, dass bei POS-Kindern unharmonische Körperbewegungen und eine unausgeglichene Schrift nicht der Ausdruck einer fehlenden seelischen Harmonie, sondern körperlich bedingt sind. – Weiter muss der Leistungsinkonstanz Rechnung getragen werden, und schlechtere Leistungen an unausgeglichenen Tagen sollen durch gute Leistungen an anderen Tagen aufgewogen werden dürfen. – Hirnfunktionsgestörte Kinder lernen langsamer. Wenn sie aber dann etwas begriffen haben, können sie damit ebenso gut umgehen wie andere Kinder. Neuer Schulstoff wird besser bewältigt, wenn er in einzelne, klar übersichtliche Denkschritte gegliedert wird. Mehrere Tätigkeiten gleichzeitig kann das Kind nicht bewältigen. – Da seriale Leistungen oft vermindert sind, sollte nicht an der mangelnden Fähigkeit, das Einmaleins zu erlernen, der ganze Erfolg im Rechenunterricht scheitern. – Intelligente mündliche Antworten sollten die schriftliche Leistung, welche wegen der zentralen Sprachschwäche und der mangelhaften Orthographie oft schlecht ist, etwas kompensieren können. Insbesondere sind Aufsätze oft mager, während beim mündlichen Erzählen die reiche Phantasie der Kinder voll zur Geltung kommen kann. – Infolge der Hirnreifungsverzögerung entwickelt sich das Abstraktionsvermögen später als normal. Dessen Fehlen sollte nicht fälschlicherweise als Dummheit interpretiert werden. – POS-Kinder zeichnen oft kleinkindlich, schematisch, und sie tun es ungern, eben weil sie jedesmal enttäuscht werden, dass sie ihre phantasievollen Vorstellungen nicht zu Papier bringen können. Aus schematischen, «hohlen» Zeichnungen auf seelische Hohlheit zu schliessen, wäre völlig verfehlt. Wenn dem Kind erlaubt wird, statt zu zeichnen mit Farben frei umzugehen, wird es oft kleine Kunstwerke zustande bringen.

Wie weit ein POS-Kind einer Sonderschulung bedarf, lässt sich nicht allgemein beantworten. Das Ausmass der Wahrnehmungsstörungen muss berücksichtigt werden. Fast wichtiger als der Schultyp ist die Frage, wo im je-

weiligen Einzelfall ein Lehrer bereit und fähig ist, das Kind entsprechend seiner Schwierigkeiten zu fördern. Dabei kommt es entscheidend auch noch darauf an, ob die vorgesetzte Schulbehörde den Lehrer in seinen Bemühungen unterstützt und deckt. Da der Besuch der Normalschule dem Kind die besseren Einstiegsmöglichkeiten ins Erwerbsleben bietet, sollte die Sonderschule nur nach reiflicher Überlegung und wenn immer möglich als Übergangslösung gewählt werden.
Auch die Berufsausbildung ist oft erschwert. Je älter das Kind ist, desto reifer werden seine Funktionen sein und desto eher wird es eine Ausbildung durchstehen. Einschaltjahre sind deshalb oft sinnvoll und niemals verlorene Jahre. Oft findet der POS-Jugendliche nicht auf Anhieb die geeignete Ausbildungsstelle, da ihm nicht nur die Arbeit zusagen muss, sondern da er sich auch im Arbeitsmilieu wohl und akzeptiert fühlen muss, wenn er die Ausbildung durchstehen soll. Der Wunsch nach einer anderen Lehrstelle oder einem anderen Ausbildungsweg sollte deshalb ernst genommen und dem Jugendlichen nicht als Versagen ausgelegt werden. Nur wenn er die geeignete Stelle gefunden hat, wird er sein Bestes geben. Ehemalige POS-Kinder sind auch prädestiniert für einen zweiten Bildungsweg, da sie eben später als andere in ihren geistigen und psychischen Funktionen reif werden.
Sowohl zu Hause wie in der Schule ist das mangelnde Selbstwertgefühl des hirnfunktionsgestörten Kindes die folgenschwerste Beeinträchtigung. Hier hilft nur eines: Das Kind muss spüren, dass Eltern und Lehrer es trotz seiner Schwierigkeiten akzeptieren. Lob und Aufmunterung zu einem Tun, das dem Kind gelingt und ihm Freude bereitet, wird es vor dem Abgleiten in die Aggressivität oder in die Depression bewahren. Je mehr es der Umgebung gelingt, dem Kind zu Erfolgserlebnissen zu verhelfen, desto besser kann es seine Schwierigkeiten bewältigen. Das Kind spürt sehr feinfühlig, welche Eistellung ihm entgegengebracht wird und übernimmt mit der Zeit die Meinung der Umgebung. Eltern, die daran glauben, dass ihr Kind schliesslich seine Schwierigkeiten überwinden wird, brauchen sich um seine Zukunft keine Sorgen zu machen. Wenn hingegen die Eltern versuchen, die Schwierigkeiten des Kindes zu verleugnen, in dem sie etwa vor den Ohren des Kindes erzählen, es sei gut im Sport, habe viele Freunde usw., obwohl dies alles doch gar nicht wahr ist, wird auch das Kind zu der Überzeugung kommen, dass es zu seinen Schwierigkeiten nicht stehen darf, und in eine neurotische Entwicklung hineinkommen.

Prognose

Vernünftige Eltern würden oft sehr gut mit den gegenwärtigen Schwierigkeiten ihres Kindes zu Rande kommen, wenn sie sich nicht um die Zukunft des Kindes sorgen würden. Man kann sie beruhigen. Im Laufe der Jahre, insbesondere während der Pubertät, wird das Kind nachreifen, und im Erwachsenenalter werden die Hirnfunktionsstörungen in einem Masse kompensiert sein, dass sie nicht mehr ins Gewicht fallen. Die Bewegungen werden vielleicht immer etwas ungelenk, hastig oder unpräzis bleiben, und die Schrift wird immer etwas unregelmässig sein (was zu unverdient negativen graphologischen Gutachten führen kann). Das Kind hat aber alles erlernen können, was es wollte, sei es nun Skifahren, Geigenspielen oder Stricken. Auch im Bereich der Wahrnehmungsstörungen werden die Ausfälle einigermassen kompensiert. Allerdings lässt sich oft noch im Erwachsenenalter die Schwierigkeit nachweisen, das Wesentliche vom Unwesentlichen zu unterscheiden und sich die Übersicht über vielfältige gleichzeitige optische oder akustische Informationen zu verschaffen, wenn auch in gemildeter Form (Typ des «zerstreuten Professors»), desgleichen die Mühe mit Umstellungen, eine gewisse psychische Unreife mit Geschwätzigkeit, eine Tendenz zu sprunghaftem Denken und unüberlegtem Handeln, eine unkritische Haltung den eigenen Leistungen gegenüber, eine erhöhte Erregbarkeit mit Dekompensation in Stresssituationen. Auch eine gewisse Ruhelosigkeit kann im Erwachsenenalter noch vorhanden sein und sich im Bewältigen eines übermässigen Arbeitspensums beziehungsweise in häufigem Stellenwechsel niederschlagen. Das alles schliesst Spitzenleistungen in Teilgebieten nicht aus, manchmal auf intuitiver Basis. Trotz oder gerade wegen dieser bleibenden Auffälligkeiten sind es oft hirnfunktionsgestörte Menschen, welche unserer Welt Farbe geben und ihre Probleme erfrischend unkonventionell bewältigen. Und wenn das POS-Kind in seiner Jugend mit seinen Schwierigkeiten nicht allein gelassen wurde, hat es als Erwachsener oft ein besonderes Verständnis für schwierige Menschen und wählt nicht selten einen entsprechenden Beruf. Schliesslich sind ehemalige POS-Kinder im Erwachsenenalter ihren Mitmenschen in einem wesentlichen Punkt überlegen: Sie sind in ihren Forderungen dem Leben gegenüber oft bescheidener, sie sind demütiger und mit weniger Glück glücklich.
Nachuntersuchungen von Erwachsenen, bei denen im Kindesalter die Diagnose POS gestellt worden war, zeigen ein erfreuliches Bild. Die soziale Integration gelingt mit zunehmendem Alter recht gut, wenn auch in der Regel der soziale Status von Familienangehörigen nicht ganz erreicht wird. Spätere Delinquenz ist selten. Allerdings ist zu bedenken, dass es sich hier immer um Menschen handelt, deren Schwierigkeiten seinerzeit diagnostiziert

wurden und denen beigestanden wurde. POS-Kinder, die in ihrem Leben nur auf Unverständnis gestossen sind, haben wahrscheinlich eine viel schlechtere Prognose, wie das aufmerksame Lesen der Lebensgeschichte von «schwererziehbaren» Jugendlichen zeigt. Es ist vor allem das mangelnde Selbstwertgefühl, welches zusammen mit der gewissen Instabilität der psychischen Struktur im Erwachsenenalter verheerende Folgen haben kann. Wie weit jedoch das Selbstwertgefühl beeinträchtigt ist, hängt ganz entscheidend davon ab, wie die Umgebung seinerzeit auf die Schwierigkeiten des Kindes reagiert hat. Eine adäquate Betreuung von POS-Kindern hat deswegen eine eminent sozialpolitische Bedeutung. Wie erwähnt, leiden nach allgemeiner Schätzung etwa 5 Prozent aller Kinder an einem frühkindlichen POS. Ein Zwanzigstel unserer Bevölkerung ist also in hohem Masse auf eine verständnisvolle Führung in der Jugend angewiesen, damit ein sinnerfüllter Lebensweg nicht verfehlt wird. Dass sowohl hirngesunde wie hirnfunktionsgestörte Kinder in einer liebenden Umgebung besser gedeihen, steht ausser Frage. Hirngesunde Kinder aus ungünstigem Milieu vermögen sich aber später oft aus eigenen Kräften aus ihren Verstrickungen zu befreien, während dies falsch behandelten hirnfunktionsgestörten Kindern häufig nicht gelingt, wie unzählige bittere Lebensschicksale zeigen. Wer als Kind tagtäglich eine Vielzahl unverschuldeter entmutigender Erlebnisse hat, welche zudem von der Umwelt dem bösen Willen des Kindes zur Last gelegt werden, ist als Erwachsener entweder seelich hart oder mutlos.
Ein frühkindliches psychoorganisches Syndrom ist, obwohl die Hirnfunktionsstörungen im Vergleich zu den Störungen bei deutlich hirngeschädigten Kindern leicht sind, keine «leichte Sache». Es behindert das Kind, seine Eltern und Geschwister empfindlich. Es hat aber auch einen unschätzbaren positiven Wert für die Menschheit. POS-Kinder sind der notwendige Sand im Getriebe unserer Gesellschaft. Sie sind es, welche mit ihrem Verhalten zu verstehen geben, wenn Menschlichkeit und gegenseitige Toleranz zu kurz kommen, wenn nur noch Leistung zählt, wenn die Liebe nicht zu ihrem Recht kommt. Sie sind es, welche mit allem Nachdruck zu verstehen geben, dass der Mensch und die Welt nicht machbar sind. Wo sich POS-Kinder wohlfühlen, können alle Menschen gedeihen.

Der Spezialarzt

Die serielle Merkfähigkeitsschwäche, eine zu wenig bekannte Störung bei POS-Kindern

von Dr. med. Christoph Wolfensberger-Haessig

Bei nicht wenigen POS-Kindern finden wir eine besondere Störungsform des Frisch- oder Sofortgedächtnisses, nämlich eine Merkfähigkeitsschwäche für Informationen, die in einem zeitlichen Ablauf über Sinnesorgan und Sinnesbahn an den Ort der primären (cortikalen) Aufnahme gelangen. Da bei POS-Kindern meistens noch weitere Teilleistungsschwächen vorliegen, ist sie oft – auch für den Fachmann – gar nicht so leicht zu erkennen, und wird dann mit der Ablenkbarkeit und der Konzentrationsschwäche erklärt. «Das Kind kann nicht aufpassen, es träumt.» «Nun habe ich doch der Klasse ganz ausführlich erklärt, wie die gestellte Aufgabe zu lösen ist. Am Schluss meiner Rede muss ich feststellen, dass Hans überhaupt nichts davon mitbekommen hat.»
Das Frischgedächnis solcher «serialschwacher» Kinder ist dadurch beeinträchtigt, dass es ankommende Informationen nur innerhalb einer sehr beschränkten «Behaltensspanne» speichern kann, die nur 1 bis 2 Sekunden betragen mag. Solche Kinder können also einen vorgezeigten Bewegungsablauf nicht nachvollziehen oder vorgesprochene Worte nicht korrekt wiederholen, wenn zwischen dem ersten und letzten ankommenden Signal mehr als 2 Sekunden liegen. Je abstrakter die Informationen sind, je weniger Sinngehalt die Worte innerhalb der Behaltensspanne ergeben, umso stärker wirkt sich die Störung aus.
Denn normalerweise funktioniert ja unser Gedächtnis so, dass ankommende Informationen sofort assoziativ verknüpft werden und mit früher gespeicherten Inhalten zu einem «Sinngehalt» gelangen. Ein Zusammenhangsverständnis stellt sich ein, welches das Behalten und Reproduzieren der Informationen erleichtert.
Wenn die Mutter ihrem serialschwachen Hans also etwa sagt: Geh doch bitte rasch mal in den Keller hinunter und hol mir vom dritten Fach des Holzgestells 4 Äpfel und vom darunterliegenden Fach 3 Orangen, und aus dem Tiefkühler 2 Bratwürste – du weisst – die Türe wieder gut verschliessen! Also lauf! dann wird Hans wohl in den Keller hinunter gehen, aber bald wieder zurückkommen: Was soll ich eigentlich bringen? Mit dem viel zu langen Auftrag ist die Aufnahmefähigkeit von Hans überfordert.
Er braucht zwischen den einzelnen verbal-akustischen Informationen genügend Zeit, um vom blossen akustischen Reiz zu einem Sinn, einer konkreten Vorstellung zu kommen. Mit serialschwachen Kindern muss man sich

deshalb eine Sprechweise angewöhnen, die darauf verzichtet, ganze Sätze ohne Pause zu formulieren, sondern Satzteile, die für sich schon einen Sinn ergeben, mit kleinen Sprechpausen abzugrenzen. So erhält das serialschwache Kind die Möglichkeit kleiner Besinnungspausen, die es braucht, um dem Gehörten innerhalb seiner Behaltensspannen einen Sinngehalt abzugewinnen.

Um bei diesem Beispiel zu bleiben, müsste die Mutter von Hans etwa wie folgt sprechen: Hans, schau mich an, ich hab einen Wunsch: Ich brauche: 4 Äpfel ... 3 Orangen ... 2 Bratwürste ... kannst du das wiederholen? Hans kann es. Gut ... die Äpfel liegen im Holzgestell ... im 3. Fach ... die Orangen im Fach darunter ... und die Bratwürste ... nimmst du aus dem Tiefkühler ... und die Türe wieder gut verschliessen!

Wie erkennt man die Serialschwäche? Es gibt einige Indizien dafür. Beweisend sind die eigentlichen Tests, auf die wir später zu reden kommen. – Im Kindergarten fällt auf, dass Hans noch kaum zählen kann und sich dafür auch gar nicht interessiert. Er vermag einer vorgelesenen Geschichte nicht zu folgen. Er kennt die Wochentage nicht und hat die grösste Mühe, sie sich zu merken. Auch die Tageszeiten verwechselt er. Am Abend erkundigt er sich nach dem Mittagessen. Wenn man ihn frägt, was heute im Kindergarten alles gemacht wurde –«ich weiss es nicht».

Obschon bei ihm keine motorische Ausführungsschwäche vorliegt, kann er dennoch vorgezeigte Bewegungsabläufe auf Anhieb nicht nachvollziehen.

Wenn Hans in die Schule kommt, wird er Mühe haben mit den 1 × 1-Reihen, mit der Rechtschreibung. Er kann sich die richtige Reihenfolge der Buchstaben schlecht merken. Innerhalb des Satzes ist er auf Kriegsfuss mit der Reihenfolge der Wörter, seine Satzbildung ist deshalb dysgrammatisch. Auch mit den Zeitbegriffen: Morgen, gestern, übermorgen, vorgestern hat er Mühe. Bilder nach ihrem zeitlichen Ablauf zu ordnen, gelingt ihm kaum. Viel später, in der 6. Primarklasse oder auch noch in der Sekundarschule kann man plötzlich merken, dass er das Alphabet nicht zuverlässig beherrscht. Auch die Reihenfolge der Monate macht ihm immer noch Mühe. Ganz auffällig mag dann im Deutsch die enorme Diskrepanz zwischen produktiven und re-produktiven Arbeiten sein. Ein Aufsatz zu einem selbstgewählten Thema findet grosse Anerkennung, wogegen die Nacherzählung einer vom Lehrer vorgelesenen einfachen Geschichte völlig misslingt: Hans scheint die Pointe der kleinen Story überhaupt nicht verstanden zu haben.

Dies alles bedeutet aber keineswegs fehlende Intelligenz. Was nicht an einen seriell-zeitlichen Ablauf gebunden ist, wie die Erfassung von Zuständen zum Beispiel im visuellen Bereich, wird uneingeschränkt aufgefasst.

Wie lässt sich die Serialschwäche testologisch erfassen? Obschon sie keineswegs sinnesspezifisch, zum Beispiel ausschliesslich auditiv sich auswirkt, sondern auch taktil-kinästhetische und visuelle serielle Abläufe kognitiv beeinträchtigt, lässt sie sich doch am besten im sprachlichen Bereich nachweisen, da doch die Sprache ein exquisit serieller Ablauf in der Zeit ist. In einem gesprochenen Satz reiht sich doch wie an einer Perlenschnur Wort um Wort auf, und innerhalb jedes Wortes folgen sich die einzelnen Phoneme in einer zeitlich gegebenen Reihenfolge. Da Worte ja Gegenstände und Begriffe beinhalten, und dadurch sofort das Sinn- und Langzeitgedächtnis beanspruchen, dürfen wir zur Prüfung der Serialschwäche keine sinnvollen Worte verwenden. Man kann Zahlen nachsprechen, wie dies im Mottier-Test getan wird. Dieser Test findet im «Zürcher Lesetest» von Frau Maria Linder Verwendung.

Die verschieden langen, aus 2 bis 6 Silben bestehenden Testwörter werden monoton, ohne Betonungen, und im Sekundenrhythmus vorgesprochen, jede Sekunde also eine sinnlose Silbe. Während nun ein nicht serial gestörtes Kind ein von mir als «Indianerwort» deklariertes Lautgebilde von 6 Silben zum Beispiel ka-po-ti-la-fe-sa vollkommen korrekt nachspricht, kann ein erheblich serialschwaches Kind im schlimmsten Falle nicht einmal 2 Silben korrekt wiederholen. Statt NO-MA sagt es: NA-MO oder MA-NO oder MO-MA. Um nicht nur verbale, sondern überhaupt vocale Gedächtnisstützen auszuschalten, ergänze ich den Mottier-Test noch mit einem entsprechenden Bitonal-Test. Dabei sind Schlagfolgen im Sekundenabstand nachzuvollziehen, die ich auf einem Zweiklang-Holzstab, wie er im musikalisch-rhythmischen Unterricht gebraucht wird, erzeuge. Das Erstaunen zusehender Eltern oder Lehrpersonen über das Versagen in einer anscheinend so «kinderleichten» Aufgabe ist jeweils gross, wenn das serialschwache Kind 3 vorgegebene Schläge aufs Zweiklangholz nicht richtig wiedergibt, beispielsweise die Klangfolge: HOCH-HOCH-TIEF mit HOCH-TIEF-TIEF-TIEF beantwortet. Durch das Vorgeben bitonaler Klangserien anstatt einfach monotonaler Serien wird das blosse Mitzählen verhindert.

Konrad Lorenz hat einmal in einem Vortrag über Gestaltungswahrnehmung definiert: Optische Gestaltswahrnehmung besteht darin, dass man «zusammensieht» was zusammengehört. Dass bei POS-Kindern die optische Gestaltswahrnehmung gestört sein kann, ist bekannt. Beim serialschwachen Kind braucht sie nicht gestört zu sein und stellt dann ein wichtiges Kompensationsreservoir dar.

Bei meinen Serialuntersuchungen mit Zweiklanghölzern ist es mir aufgegangen, dass die Serialschwäche auch eine Art von Gestalterfassungsschwäche ist. Es geht hier aber nicht um optische, sichtbare, oder um taktil-kinästhetisch «begreifbare» Gestalten, es geht nicht um Gestalten im

zwei- oder dreidimensionalen Raum, sondern es geht um *Zeitgestalten,* es geht darum, Vorgänge, serielle Ereignisse im Zeitablauf als zusammenfassbare *Zeitgestalten* zu erkennen, zu speichern und dann zu reproduzieren. Serial schwache Kinder vermögen nun nur ganz kurze Abläufe als gesonderte, für sich abgegrenzte klangliche Zeitgestalten beim erstmaligen Hören zu erkennen. Die Erstmaligkeit muss ich betonen. Denn natürlich sind auch beim Serialschwachen Übungseffekte durch ständiges Wiederholen möglich. Sonst wären solche Kinder ja kaum schulfähig. Nein – was wir in der Testsituation prüfen, ist der Fähigkeitsgrad zur Erfassung von Zeitgestalten beim erstmaligen Hinhören. Beim seriell gut ausgestatteten Kinde beträgt die Zeitspanne, innerhalb welcher eine serielle Gestaltswahrnehmung möglich ist, 5 bis 6 Sekunden. Beim Serialschwachen beträgt sie nur 2 oder nur 1 Sekunde. Gute Serialfähigkeit haben, wie Frau Dr. Affolter in ihrem Sankt Galler Zentrum für Wahrnehmungsstörungen gefunden hat, ganz ausgesprochen die Kinder mit Down-Syndrom (früher Mongolismus genannt). Und ich habe bei meinem Experimentieren gefunden, dass POS-Kinder mit «autistischen Zügen» ebenfalls meist erstaunlich gut sind im Erfassen serieller Zeitgestalten. Dieses Problem verdient eine wissenschaftliche Bearbeitung auf breiter Basis, die natürlich weit über mein Herumstümpern in diesem Gebiet hinausgeht.
Einige Punkte verdienen aber jetzt schon festgehalten zu werden: Serialschwäche erkennen wir als eine Einschränkung in der Erfassung von Zeitgestalten, von seriellen Abfolgen in der Zeit. Daraus ergibt sich, dass die Serialschwäche an keine einzelne Sinnesmodalität gebunden ist. Es gibt auch rein optisch erkennbare serielle Abläufe, zum Beispiel die Beobachtung eines bestimmten rhythmisch-gymnastischen Bewegungsablaufes, seine Speicherungsmöglichkit, seine Reproduzierbarkeit. Es gibt auch taktil-kinästhetische serielle Abläufe, obschon kaum ohne gleichzeitige visuelle Kontrolle. Aber auch taubblinde Kinder lernen ja Bewegungsabläufe, die man ihnen ja nur taktil-kinästhetisch übermitteln kann.
Man darf die Serialschwäche, wie sie im Mottier-Test erfasst wird, auch nicht verwechseln mit der akustischen Differenzierungsschwäche. Beides kann natürlich gleichzeitig vorhanden sein, besonders bei POS-Kindern, bei denen recht oft die serielle Zeitgestaltserfassungsschwäche mit der akustischen Diskriminationsschwäche kombiniert vorkommt. Die beiden Minusfunktionen superponieren sich dann, und es braucht viel Erfahrung, um sie getrennt zu erfassen. Doch sind und bleiben – wie der St. Galler Arbeitskreis dies schon seit langem postuliert – die Funktionen der seriellen Zeitgestaltserfassung einerseits und der akustischen Diskriminationsfähigkeit andrerseits zwei völlig verschiedene, unterscheidbare Grössen, deren Defizite zu entsprechend verschiedenen, unterscheidbaren Ausfallserscheinungen

führen, und es wäre wünschbar, wenn diese Tatsache auch in der Logopädie überall erkannt würde.
Da nun aber die Sprache ein so ausgesprochen im Zeitablauf sich ereignender Vorgang ist, erstaunt es nicht, dass die Serialschwäche, diese Zeitgestaltserfassungsschwäche sich ganz besonders auch im Sprachlichen auswirkt. Es lohnt sich, darüber noch einiges zu sagen.
Wir haben zum Beispiel den Mottier-Test so modifiziert, dass wir in einem ersten Durchgang die 1-Sekundenintervalle zwischen den einzelnen (sinnlosen) Silben einhalten. In einem zweiten Durchgang steigern wir nun das bisherige Tempo 60 auf 120 Silben pro Minute, mit dem Metronom kontrolliert. Und da zeigt sich folgendes: Serialschwache Kinder, die bei Tempo 60 nur 3 Silben korrekt behalten konnten, können nun (sofern sie keine zusätzliche akustische Differenzierungsschwäche haben) bei Tempo 120 doppelt so viele Silben behalten. Und da sind wir bei einem scheinbaren Paradoxon angelangt: Serialschwache Kinder können mehr behalten, wenn wir schnell sprechen, und je langsamer wir sprechen, umso grössere Mühe haben sie. Das Paradox, der scheinbare Widerspruch löst sich auf, wenn wir uns vergegenwärtigen, dass es ja beim serialschwachen Kind um die Länge der Behaltensspanne geht. Reicht diese über 3 Sekunden, so kann es eben so viele Silben behalten, wie in die Spanne von 3 Sekunden hineingehen. Verstreicht mehr Zeit dahin, so kann es darüberhinaus nicht mehr speichern, ganz unabhängig vom Sprechtempo. Bei Kindern mit einer akustischen Differenzierungsschwäche ist es umgekehrt: Wird schneller vorgesprochen, so werden die Antworten immer schlechter. Wir können also mit dem zweimaligen Durchgang in verschiedenem Sprechtempo erkennen, ob zusätzlich zur Serialschwäche noch eine akustische Differenzierungsschwäche vorliegt.
Wichtig für unseren Umgang mit dem serialschwachen Kinde – zuhause wie in der Schule – ist es nun aber zu wissen, dass wir ihm – zum Beispiel in einem Diktat – keineswegs zu besseren Resultaten verhelfen, wenn wir möglichst langsam sprechen, im Gegenteil. Je weiter wir Worte und Silben auseinanderziehen, umso weniger kann es davon erfassen, speichern und wiedergeben.
Weiterhin ist es von grosser Bedeutung für den alltäglichen sprachlichen Umgang mit serial gestörten Kindern – zu wissen, dass die Entschlüsselung oder das Sinnverständnis für das Gesprochene so vor sich geht, dass laufend die primären akustisch-verbalen Informationen aus dem Kurzerfassungs- oder Sofortgedächtnis sozusagen in das langzeitliche Sinn- und Zusammenhangsverständnis und -gedächtnis transferiert werden müssen. Beim serial Unbehinderten geschieht dies in wenigen grossen Portionen, beim Serialschwachen ist es nur in vielen kleinen Portiönchen möglich. Ein

Haufen Sand muss, vergleichsweise, statt schaufelweise – löffelweise abgetragen werden. Das braucht mehr Zeit. Aber nicht durch langsameres Sprechen, das wissen wir nun, sondern durch Einschalten vieler Sprechpausen innerhalb des Redeflusses, indem wir immer kurz anhalten, sobald das Gesagte einen Sinn oder Teilsinn ergibt.
Die munter fortfliessende Rede vermittelt dem zuhörenden serialschwachen Schüler nur ganz einzelne punktuelle Informationen. Es ergibt sich kein Zusammenhang, kein Sinn. Das Kind, entmutigt, kann nicht folgen und beginnt entweder zu stören, oder ins Tagträumen zu fallen. Kein Wunder, dass es am Schluss der Belehrung oder Erklärung sozusagen nichts mitbekommen hat.
Wer es mit serialschwachen Kindern zu tun hat, kann die Maxime: «Ich erkläre alles nur einmal» nicht anwenden. Denn wenn wir uns einmal klar darüber sind, wieviel an Information beim serial auffassungsswachen Kind dauernd verloren geht, oder vielmehr bei ihm gar nicht ankommt, gleichsam durch die Maschen fällt, dann wird uns klar, dass wir wichtige Zusammenhänge nicht nur zweimal, sondern immer und immer wieder darstellen müssen, damit der serialschwache Schüler wirklich über eine lückenlose Informationskette verfügen kann. Zur Serialschwäche kommt ja meistens noch die Aufmerksamkeitsstörung der POS-Kinder hinzu. Die beiden Störungsfaktoren kumulieren sich in der negativen Auswirkung auf das verstehende Lernen.
Was bei den lerngestörten Kindern, und was beim serialschwachen POS-Kind ganz besonders mühsam geht, ist das passiv-reproduktive Lernen, dem ich das «Verstehende Lernen» oder das Einsichts-Lernen gegenüberstellen möchte. Einsichtiges und verstehendes Lernen sei das Ziel, auf das hin wir uns immer wieder orientieren müssen. Je dichter das dem Kinde zur Verfügung stehende, zum Verständnis lebensweltlicher Zustände und Abläufe nötige zusammenhängende Informationsnetz ist, umso mehr kann auf das bloss reproduktiv-passive Lernen verzichtet werden. Gleichwohl benötigt auch das fixierende Üben seinen festen Platz, doch müssen wir seinen Stellenwert nicht überschätzen. Denken können die POS-Kinder alle gut, doch sind sie meistens wegen der unaufhörlichen Lernmisserfolge entmutigt und müssen zum selbständigen Denken immer wieder ermuntert werden.

Der Kinder- und Jugendpsychiater

Die Problematik der POS-Kinder – was ist davon angeboren – was ist erworben?

von Prof. Dr. med. Reinhart Lempp

Jeder Kinder- und Jugendpsychiater und auch viele Erziehungsberater kennen die charakteristische Situation in der Sprechstunde:
Eltern kommen mit einem Kind, meist einem Jungen, meist zwischen 7 und 10 Jahre alt, in die Sprechstunde und das Kind verhält sich so charakteristisch, dass der Untersucher schon beinahe unter der Sprechzimmertür erkennen kann, es handelt sich um ein sogenanntes POS-Kind, um ein Kind mit einer leichten frühkindlichen Hirnschädigung – wie wir sagen – oder um ein Kind mit einer MCD, einer minimal brain dysfunction, wie die Pädiater und Amerikaner sagen.
Dieser typische Eindruck wird dann in der Regel auch von den Klagen und der Schilderung der Eltern ergänzt, allerdings ist es nicht selten, dass die Mutter berichtet, besonders wenn der Vater nicht mitgekommen ist, dass Ihre Schwiegermutter, also die Grossmutter väterlicherseits des Kindes immer sage, dass Ihr Sohn, also der Vater des Kindes, als Kind sich ebenso verhalten habe. Das vorgestellte Kind sei «ganz der Vater».
Stellt uns die erste Beobachtung über ein charakteristisches Verhalten die Frage, wodurch das typische Verhalten dieser Kinder gekennzeichnet ist, so stellt die zweite Mitteilung, dass schon der Vater ähnliche Verhaltensauffälligkeiten gezeigt habe, die Frage nach einer möglichen Vererbung dieses Verhaltenstypus. Beide Fragen wollen wir nacheinander zu beantworten suchen:
Wodurch ist das typische Verhalten der POS-Kinder gekennzeichnet?

Das charakteristische Verhalten dieser Kinder ist schon so oft plastisch beschrieben worden, dass ich hier auf die Aufzählung der Symptome, wie sie üblicherweise geschieht, verzichten will. Ich will dagegen die Widersprüchlichkeit herausstellen, welche von diesen Kindern ausgeht. Schon die Uneinigkeit der sich um das Kind bemühenden Erwachsenen, der Eltern wie der Erzieher und Lehrer im Urteil über das Kind ist ja für sich allein ein kennzeichnendes Merkmal, das eine Verdachtsdiagnose zulässt.

Sind diese Kinder gehorsam oder sind sie schwierig und unfolgsam?

Sind sie gutmütig oder neigen sie zu überschiessenden Zornausbrüchen?

Sind sie fröhlich-unbekümmert und expansiv oder sind sie sehr gehemmt?

Sind sie gescheit oder dumm?

Sind sie ausdauernd oder sprunghaft und ablenkbar?

Sind sie zärtlich oder aggressiv?

Verhalten sie sich wohlerzogen oder benehmen sie sich im entscheidenden Moment unangepasst?

Sind sie liebenswert oder einfach eine Nervensäge?

Keine dieser Alternativen kann in der Regel eindeutig beantwortet werden, gewöhnlich stimmen immer beide einander so widersprechenden Eigenschaften jeweils in Abhängigkeit von der Situation und von der Person, welche den Kindern gegenüberstehen. Eindeutiger ist dagegen das, was die Eltern aus der Vorgeschichte berichten:

Das Kind war schon immer und vom ersten Tag an problematisch, es war (fast) immer motorisch unruhig, war affektlabil und im Kindergarten- und Schulalter vor allem leistungsinkonstant. Was es heute konnte, war ihm am nächsten Tage nicht mehr möglich und umgekehrt. Das Kind hört nicht, es sieht nicht, es merkt nicht.

So offenkundig, so evident die Charakteristik dieses hier in seiner Widersprüchlichkeit typischen Bildes des POS-Kindes sich darstellt und so sehr die Praxis des klinischen Alltags die Reproduzierbarkeit der Symptomatik unter Beweis stellt, so sehr entzieht sich jedoch dieses charakteristische Bild der wissenschaftlichen Untersuchung und dem quantitativen und qualitativen Nachweis.
Schon Martin Sieber konnte in seinen ausgedehnten und sorgfältigen Untersuchungen an POS-Kindern im Vergleich zu psychoreaktiv gestörten Kindern an sorgfältig ausgelesenen Gruppen eigentlich nur die kognitiven Schwächen als typisches Unterscheidungsmerkmal zwischen den beiden Gruppen bestätigen. Die emotionale Labilität dagegen und eine spezifische Milieuanfälligkeit der leicht hirngeschädigten Kinder konnte er dagegen nicht bestätigen, ebenso wenig wie das Symptom der Hyperaktivität, wie auch die seinerzeit von uns herausgestellte verminderte Angstbildung.
Ähnliches ergaben die Untersuchungen von M. H. Schmidt und Mitarbeiter in Mannheim. Bei der auslesefreien Untersuchung von durchschnittlich 8jährigen Mannheimer Kindern auf das Vorliegen einer cerebralen Dysfunktion und auf das Vorliegen kinderpsychiatrischer Auffälligkeit fanden sie keine Beziehung zwischen den neurophysiologischen Funktionen, also dem EEG-Ergebnis, der motorischen Koordination usw. mit dem Leistungsverhalten. Sie fanden auch keinen Hinweis auf eine einheitliche Psychopatho-

logie der Kinder mit cerebraler Funktionsstörung, das heisst sie fanden gerade das nicht, was in dieser so evidenten Beschreibung eigentlich zugrunde gelegt wird, nämlich eine typische, das heisst weitgehend einheitliche Psychopathologie dieser Kinder. Schmidt und Mitarbeiter fanden auch keinen Zusammenhang zwischen der cerebralen Dysfunktion und den von den Eltern berichteten anamnestischen Belastungen in der frühen Vorgeschichte dieser Kinder. Sie konnten lediglich bestätigen, dass cerebrale Dysfunktion ein erhöhtes Risiko für das Auftreten kinderpsychiatrischer Erkrankungen bedeute.
Solche Ergebnisse von Untersuchungen, an deren sorgfältiger Ausarbeitung und Durchführung gar kein Zweifel möglich ist, überraschen den Kliniker. Die Diskrepanz zwischen klinischem Alltag und der dabei hundertfältig bestätigten Erfahrung einerseits und dem Ergebnis sorgfältiger und gezielter Untersuchung unter genauer Berücksichtigung aller Auslesekriterien und statistischer Zusammengänge andererseits bedarf einer Erklärung. Ich bin allerdings der Meinung, dass eine solche Diskrepanz zwischen Praxis und Wissenschaft zunächst einmal den Verdacht wecken muss, dass die mit der wissenschaftlichen Untersuchung notwendigerweise verbundene Auswahl der Kriterien und die Ausrichtung jedes Einzelfalles auf diese Kriterien wahrscheinlich Entscheidendes nicht erfassen kann und verloren gehen lässt, was im klinischen Alltag mehr intuitiv als rational erfassbar zur Diagnosestellung und zur Erkennung des offenbar charakteristischen Bildes herangezogen wird. Das Aufzählen einzelner Noten ergibt eben noch lange keine Melodie.
Natürlich kann dies als Argument gegen die wissenschaftlichen Ergebnisse noch keineswegs ausreichen, sondern kann nur Veranlassung sein, die wissenschaftlichen Ergebnisse unter immer neuen Gesichtspunkten zu überprüfen. Sie müssen aber auch Anlass sein, unsere Diagnostik im klinischen Alltag nicht nachlässig werden zu lassen, sondern immer wieder daraufhin zu überprüfen, ob wir nicht eben aus einer routinierten Erfahrung heraus manche Symptome und Symptomkonstellationen mit in das Gesamtbild hereinnehmen, die vielleicht gar nicht herein gehören oder nur in einer sekundären Abhängigkeit mit dem POS-Syndrom stehen. So sehe ich bei den Untersuchungen von Martin Sieber mit seiner Differenzierung zwischen psychoorganisch und psychoreaktiv gestörten Kindern eine grundsätzliche Schwierigkeit: Da die psychoorganisch gestörten Kinder – und davon bin ich aufgrund meiner Erfahrung überzeugt – aufgrund oder unabhängig ihrer psychoorganischen Störung oder Schwäche oder Besonderheit vermehrt zu psychoreaktiven Störungen neigen und diese Neigung schon zu einem sehr frühen Zeitpunkt im Leben Bedeutung erlangen kann, scheint es mir grundsätzlich gar nicht möglich, eine sichere Unterscheidung zwischen die-

sen beiden Gruppen zu treffen. Auch umgekehrt sagt uns ja das Vorliegen einer anamnestischen Komplikation, etwa einer Blutung in der Schwangerschaft oder einer verlängerten Geburt noch gar nichts darüber aus, ob dieses Ereignis auch wirklich eine organische Störung hervorgerufen hat und ob wir es also hier sicher mit einem POS-Kind zu zun haben oder nicht. Wiederum umgekeht können wir ja gar nicht behaupten, dass eine leere Anamnese sicher ausschliesst, dass nicht vielleicht doch eine klinisch unbemerkte hirnorganische Schädigung eingetreten ist, die sich nur unserer anamnestischen Befragung und unseren Untersuchungsmethoden entzieht. Auch hat die Mannheimer Studie sehr eindeutig ergeben, dass die Angaben der Eltern über die Ereignisse während der Schwangerschaft, während der Geburt und der Säuglingszeit sehr unzuverlässig sind, ja angeblich sogar gar nicht verwertbar.

Letztlich steht hinter der Alternative, psychoorganisch und psychoreaktiv gestörte Kinder die traditionelle Alternative der Psychiatrie überhaupt: Organisch oder reaktiv! Diese Alternative, so meine ich, sollte man aber längst zu Grabe tragen, weil sie letztlich gar keine Alternative darstellt, sondern nur zwei Komponenten, die sich gegenseitig beeinflussen und die zusammenwirkend das psychische und psychopathologische Bild hervorbringen und zwar vom ersten Lebenstage an, ja schon in der Zeit davor. So wird beispielsweise schon die Mutter während der Schwangerschaft anders auf ihr Kind reagieren, je nachdem, ob es ruhig, still und träge, oder ob es lebhaft, aufgeregt und zappelig sich im Mutterleib verhält. Das eine Kind macht häufiger auf sich aufmerksam als das andere und dieser unterschiedlichen Anforderung kann sich keine Mutter entziehen. Eine solche intrauterine Unruhe kann – muss aber keinesfalls – auch Ausdruck einer von der Mutter übertragenen Unruhe und Nervosität sein, an der wiederum der Vater durch sein Verhalten oder andere Menschen ursächlich beteiligt sein können.

Bevor also neuere Untersuchungen der klinischen Praxis keine neueren und besseren Kriterien zur Erkennung und Unterscheidung der Kinder, die wir zurzeit noch POS-Kinder heissen, vermitteln können, solange bleiben wir bei der Hypothese, dass es sich um ein charakteristisches Psychosyndrom handle, das in einer engen kausalen Beziehung zu Alterationen des Kindes in seiner frühkindlichen Entwicklung vor, während und nach der Geburt steht. Ich sage, in einer engen Abhängigkeit, sicher nicht in einer absoluten; dass aber diese organische Vorgabe vom frühest denkbaren Zeitpunkt an in einer Umweltabhängigkeit steht und das POS-Kind sich nicht anders als alle anderen Kinder auch in der Dualität zwischen seinen organischen Gegebenheiten einerseits und den Umweltbedingungen andererseits entwickelt, werden wir noch näher zu erörtern haben. Als Ursache des typi-

schen Psychosyndroms sehen wir – noch – eine allgemeine Reizüberempfindlichkeit, die seltener auch einmal eine Reizunterempfindlichkeit sein kann. Diese wiederum können wir neuropsychologisch als eine Art Filterschwäche ansehen, die es diesen Kindern erschwert, von aussen kommende Reize auf ihren Bedeutungsgehalt, auf ihre Wichtigkeit oder Unwichtigkeit hin zu selektieren. Diese Reizüberempfindlichkeit durch Filterschwäche ist es aber wohl nicht allein, weil wir sonst durch Abschirmung äusserer Reize oder auch durch abschirmende Psychopharmaka allein schon eine Besserung feststellen können. In der Regel bewirken diese sogar eher eine Verschlechterung. Wir müssen deswegen annehmen, dass auch gewissermassen im Gehirn selbst ein verstärkter Eigenantrieb besteht, der einen Teil der Unruhe bewirkt und der zur Verschlechterung des Bildes führt, wenn wir etwa durch medikamentöse Abschirmung der Gehirnrinde nicht gestatten, dass dieser erhöhte Eigenantrieb nach aussen abgeleitet werden kann.
Zu dieser Reizüberempfindlichkeit und dem meist etwas gesteigerten Eigenantrieb kommen dann noch die sogenannten Teilleistungsstörungen oder Teilleistungsschwächen, die in mannigfacher und sehr unterschiedlicher Ausprägung in Erscheinung treten können. Die im klinischen Bereich wichtigsten Formen sind an anderer Stelle dargestellt. Es sind dies die vorwiegend

1. auditive Erfassungsstörung mit scheinbar «schlechtem Hören», manchmal verzögerter und gestörter Sprachentwicklung und vor allem mit auffälliger Minderleistung in der Schule
2. die vorwiegend visuelle Erfassungsstörung mit der früh erkennbaren Neigung, Situationen in ihrem Bedeutungsgehalt nicht richtig zu erfassen und daher zu Fehlverhalten und Fehlreaktionen zu neigen, oft verbunden mit motorischer Ungeschicklichkeit und Tolpatschigkeit
3. die Raumlagelabilität, oft verbunden in der Schule mit einer Rechenschwäche und
4. schliesslich die wichtige Programmsteuerungsschwäche mit der verminderten Fähigkeit ein Handlungsprogramm in angemessener Weise aufrecht zu erhalten und durchzuführen mit dem charakteristischen Bild der Ablenkbarkeit und Störbarkeit. Diese Programmsteuerungsschwäche hängt ihrerseits sehr stark von weiteren Faktoren wie Motivation, Ermüdung und dergleichen ab.

Soviel zur Frage, wodurch das typische Verhalten des POS-Kindes gekennzeichnet ist.

Was ist nun von der eingangs geschilderten Beobachtung zu halten, dass das POS-Kind oft ganz wie der Vater in seiner Jugend sich verhalte?

Mir fällt in der Sprechstunde besonders oft die Abhängigkeit der auditiven Teilleistungsstörung, das heisst der verminderten Fähigkeit Gehörsreize differenziert aufzunehmen, zu speichern und zu verarbeiten von der Tatsache auf, dass der Vater des Kindes Ingenieur ist oder einem anderen ausgesprochen technischen Beruf nachgeht, einem Beruf also, der es nahe legt, dass auch der Vater seine besondere Stärke nicht im Unterschied sprachlicher Informationen gefunden hat, sondern in der Ausnutzung seiner visuellen und technischen Fähigkeiten. Dies würde für eine Vererbung von Teilleistungsstörungen sprechen.
Die frühkindliche Hirnschädigung, auch in ihrer leichtgradigen Form, ist aber schon nach ihrer Definition eine erworbene und zwar eine früh erworbene Störung. Da sie etwa in Form einer Schwangerschaftsschädigung schon vor der Geburt erworben sein kann, könnte man sie auch als angeboren bezeichnen, als angeboren, aber auch als früh erworben, jedenfalls nicht als ererbt.
Was aber wird eigentlich vererbt? Es ist nicht wahrscheinlich, dass eine ganze sehr komplexe Fähigkeit oder Minderfähigkeit als solche in einem Gen verankert ist und als solche vererbt wird, es wäre durchaus denkbar, dass nur eine besondere Vulnerabilität der Gehirnentwicklung vererbt werden könnte, so dass bei so belasteten Kindern schon eine klinisch völlig unauffällige und scheinbar normale Geburt zu einer Traumatisierung für das hier besonders empfindliche kindliche Gehirn führen könnte. Wir kennen eine solche erhöhte Vulnerabilität zum Beispiel bei Frühgeburten, wo es auch bei unkomplizierter Geburt zu leichteren oder schweren hirnorganischen Schädigungen kommen kann, allein dadurch, dass das Kind noch eine gewisse Unreife, das heisst eine erhöhte Vulneralität zeigt.
Was ist dann ererbt und was ist früh erworben bzw. angeboren? Hier kann der Versuch einer Unterscheidung nur zu sinnlosen Einteilungen führen.
Andererseits glaube ich durchaus, dass dieselbe Teilleistungsstörung tatsächlich als Gen fixiert und vererbt von Generation zu Generation weitergegeben wird, dass sie aber in der gleicher Form auch durch frühe schädigende Einwirkung hervorgerufen werden kann. Es ist dies in der Medizin nichts Ungewöhnliches, dass ein und dasselbe Störungsbild sowohl durch erbliche Veranlagung wie auch durch äussere Einwirkung entstehen kann. Dass der mögliche oder wahrscheinliche Erbträger in der Familie meist der Vater und nicht die Mutter ist, braucht uns dabei nicht zu wundern. Das psychoorganische Syndrom zeigt bei allen Untersuchern in ähnlicher Weise eine charakteristische Knabenwendigkeit. Sieber fand bei allen von ihm

ausgewerteten Probanden eine Verhältnis von 1,89 Jungen zu einem Mädchen, das heisst es sind nicht ganz doppelt soviel Jungen wie Mädchen untersucht worden. Dies entspricht der weltweiten Erfahrungen aller kinderpsychiatrischen Einrichtungen. Dieses Verhältnis ändert sich erst im Laufe der Pubertät.
In der Aufstellung von Sieber war dabei das Verhältnis der frühkindlich hirngeschädigten Kinder noch extremer. Die Verhältniszahl lag dabei zwischen 2 und 3,5 zu 1. Das heisst, dass auf 3 bis 4 frühkindlich hirngeschädigte Kinder nur etwa ein frühkindlich hirngeschädigtes Mädchen kommt. Auch bei unseren ersten Untersuchungen, die zur Darstellung des frühkindlich exogenen Psychosyndroms führten, war diese Knabenwendigkeit nachweisbar gewesen.
Die Gründe dafür sind noch nicht geklärt. Es gibt eine Reihe von Hypothesen, deren plausibelste besagt, dass zwar statistisch mehr Jungen als Mädchen geboren werden, dass aber die Überlebensrate der Mädchen höher sei als die der Jungen. Man könnte daraus schliessen, dass Mädchen zwar mehr gefährdet sind, schon während der Schwangerschaft geschädigt zu werden oder abzusterben, dass aber Mädchen, wenn sie die Geburt erreicht haben, eine höhere Widerstandskraft gegenüber den allfälligen Belastungen der Geburt und der frühen Entwicklung aufweisen. Die bereits erwähnte erhöhte Vulnerabilität der Gehirnentwicklung könnte damit ein spezifisch männliches Merkmal sein.
Eine solche Festlegung der Ursache des psychoorganischen Syndroms bei Kindern würde nun zu dem Ergebnis führen, dass eine Therapie des Syndroms nicht möglich sei, weil die Kinder gewissermassen mit der Schädigung und Schwäche auf die Welt kommen und dass eine Prophylaxe nur soweit möglich ist als sie sich auf die Prophylaxe von Schwangerschafts-, Geburts- und Säuglingskomplikationen beschränke. Dieser an einer rein körperlichen Verursachung, sei sie vererbt oder frühkindlich erworben, orientierten Einstellung steht eine andere gegenüber, welche allein das Milieu dafür verantwortlich machen will. So sagte mir der schwedische Kinderpsychiater Bohman bei einem Gespräch über das frühkindlich exogene Psychosyndrom sinngemäss etwa folgendes: Das frühkindlich exogene Psychosyndrom gibt es ja gar nicht, denn es hängt doch allein vom Milieu ab, ob ein solches psychopathologisches Bild entsteht oder nicht. Ich konnte seiner Argumentation nicht unmittelbar widersprechen.
Was gilt also nun? Angeboren, ererbt und früh erworben oder milieubedingt? Wir stehen wieder vor einer unzulässigen Alternative, und wir werden die Dynamik und die Problematik der POS-Kinder nicht erfassen, wenn wir uns von dieser Alternative gefangen nehmen lassen.

Als ich vor einiger Zeit einen Ratgeber für Eltern und Erzieher von Kindern mit einem frühkindlich exogenen Psychosyndrom, also für Eltern und Erzieher von POS-Kindern schrieb, wollte ich am Ende noch einmal die wichtigsten Hinweise für die Betreuung und Erziehung dieser Kinder zusammenfassen. Ich stellte dabei 18 Punkte zusammen, und als ich diese dann noch einmal durchlas, bemerkte ich zu meinem eigenen Erstaunen, dass ich eigentlich nichts anderes niedergeschrieben hatte, als Hinweise für Erziehungsgrundsätze, die wir auch unabhängig von hirnorganischer Schädigung, Wesensänderung oder Psychosyndromen als allgemeine Richtlinien für eine gute Erziehung gern akzeptieren können, wie zum Beispiel mit den Kindern Geduld zu haben, die Kinder nicht immer mit anderen Kindern vergleichen zu wollen, das Kind im 1. Lebensjahr nicht unnötig in fremde Hände geben, die Gleichmässigkeit der menschlichen wie sachlichen Umgebung, sie eher etwas später als zu früh in den Kindergarten schicken, eine Erziehung ohne Vorwürfe, vorhersehbar gestalteter und klar strukturierter Tagesablauf, die Tätigkeit der Kinder nie ohne Not stören und unterbrechen, auf genügend Schlaf achten, Überforderung vermeiden und anderes mehr.
In diesem Moment wurde mir klar, dass die Besonderheit der POS-Kinder wohl darin begründet liegt, dass sie über weniger Möglichkeiten und Reserven verfügen, Erziehungsfehler ihrer Eltern und Lehrer, aber auch Belastungen und Überlastungen abzuwehren und auszugleichen. Tatsächlich ist es ja eine erstaunliche Beobachtung, wie viel negative Erziehung, Erziehungsfehler und psychische Belastung gesunde Kinder aushalten können ohne verhaltensgestört oder gar neurotisch zu werden. Die frühkindlich organisch belasteten Kinder dagegen ertragen viel weniger an solcher Belastung und an erzieherischem Fehlverhalten ihrer Umgebung. Das bedeutet aber auch, dass in einer optimalen Umgebung, bei ausgeglichenen und wohl informierten Eltern, bei Vermeidung vermeidbarer Belastungen auch Kinder nach komplizierter Schwangerschaft, Geburt und frühkindlicher Entwicklung, ja auch Kinder mit einem sicheren frühkindlich exogenen Psychosyndrom keine Verhaltensauffälligkeiten darüber hinaus zeigen und dieses Psychosyndrom zu einem so frühen Zeitpunkt überwinden, dass sie schon im Grundschulalter kaum mehr auffällig sind. Die früh erworbene stabilisierende und ausgleichende Erfahrung mit ihren Eltern hat sie instandgesetzt, auch allfällige unvermeidbare Belastungen zu tolerieren oder zu überwinden.
Wir können aber nicht erwarten, dass alle Kinder das Glück haben, psychisch augeglichene Eltern zu haben, dass alle POS-Kinder in sozialen und räumlich günstigen Bedingungen aufwachsen können, wir müssen vielmehr davon ausgehen, dass sie in aller Regel den selben erzieherischen Schwächen, dem selben kurzschlüssigen Verhalten vieler Erzieher und Lehrer und den selben negativen Umweltbedingungen ausgesetzt sind wie die

meisten ihrer Altersgenossen auch und somit in stärkerem Masse an einer Umwelt scheitern, die nun einmal nicht so optimal ist und sein wird, wie sie sein sollte und vielleicht auch sein könnte.
Die Manifestation und Ausprägung des psychoorganischen Syndroms ist darum aber durchaus umweltabhängig, denn das Kind lebt ja nicht für sich allein, sondern vom ersten Tage seines Lebens ab, ja wie wir gesehen haben, schon vorher, lebt es in Reaktion und Gegenreaktion mit dieser Umwelt.
Auch wenn die Manifestation zunächst einmal sogar von der Umwelt relativ wenig abhängig erscheint, so ist die frühe Reaktion der Umwelt auf das Verhalten des Kindes wohl entscheidend dafür, ob sich das Symptom und das abweichende Verhalten verstärkt, fixiert und ausbreitet oder nicht. So ist auf jeden Fall der Verlauf und der weitere Ausprägungsgrad und damit auch die Prognose ganz überwiegend von der Umwelt und nicht von den ererbten, angeborenen oder früh erworbenen Faktoren abhängig.
Die Information der Eltern, der Erzieherinnen im Kindergarten und der Lehrer ist daher die wesentliche Prophylaxe sowohl gegen eine stärkere Ausbreitung und Manifestation des psychoorganischen Syndroms wie aber vor allem eine Prophylaxe gegen die sekundäre Neurotisierung mit der Entstehung von Verhaltensstörungen, Anpassungsschwierigkeiten, Dissozialität und Neurosen. Die rechtzeitige Erkennung und Einordnung von Entwicklunsverzögerungen, von Reizempfindlichkeit, motorische Auffälligkeit und Sprachstörung hat hier ihren wesentlichen Platz sowohl was die Diagnose der leichtgradigen frühkindlichen Hirnschädigung und ihrer möglichen Folge wie auch, was die Möglichkeiten zur gezielten Förderung und Betreuung unter Vermeidung jeder Überforderung anbelangt.
Alle Beteiligten, die Eltern und Erzieher, müssen sich darum bemühen, die Probleme, die das Kind mit seiner Umwelt hat, im pädagogischen Bereich zu halten und ein Übergreifen in den Bereich der emotionalen und zwischenmenschlichen Beziehung zu vermeiden. Die Verhaltensauffälligkeiten, Anpassungsschwierigkeiten und Leistungsschwächen dieser Kinder sollten wir so behandeln wie die Behinderung eines Kindes beim schnellen Laufen durch ein schwaches Bein. Niemand würde dem Kind vorwerfen, dass es nicht so schnell am Ziel ist wie die andern, man würde ihm allenfalls beim Überwinden der Schwierigkeit helfen oder mit ihm üben. Natürlich fällt es oft schwer, dem POS-Kind sein Leistungsversagen dann nicht vorzuwerfen, wenn es dieselbe Leistung am Tage vorher spielend erbrachte und nun heute, am folgenden Tage, nicht mehr. Der Gedanke, dass es «nicht will» liegt nahe. Wir Eltern und alle, die wir mit den POS-Kindern zu tun haben, müssen eben noch lernen, dass man «nicht immer wollen kann». Das gilt übrigens nicht nur für POS-Kinder, das gilt für unsere Mitmenschen überhaupt.

Auf diesem Wege sollten wir vermeidbare Misserfolgserfahrungen, übersteigerte Ängstlichkeit, immer erneute Konfrontation mit der eigenen Leistungsschwäche und Misstrauen bei diesen Kindern vermeiden, weil dies alles zu einer Angst führen muss, die, hält sie länger an und wird sie zur grundsätzlichen Erfahrung, im günstigen Fall zur Aggression, im ungünstigen Falle zur Depression führen muss.
Es wurde ja der Kinderpsychiatrie und der Pädagogik vielfach der Vorwurf gemacht, mit der Feststellung des psychoorganischen Syndroms oder der Feststellung eines leichtgradigen Hirnschadens oder einer cerebralen Dysfunktion stigmatisiere man die Kinder und stemple sie als andersartig ab. Dieser Vorwurf ist durchaus ernst zu nehmen, weil tatsächlich jede Diagnose zu einer Art Rollenzuweisung Anlass geben kann und in diesem Fall die Kinder häufig als unterwertig, andersartig und damit als Aussenseiter deklariert werden. Ganz abgesehen davon, dass man tatsächliche Erkenntnisse in ihrer stigmatisierenden Wirkung nicht dadurch umgehen kann, dass man sie unterdrückt und negiert, sondern nur dadurch, dass man aufklärt und möglichst viele Menschen an den Erkenntnissen teilnehmen lässt, bleibt die Entlastung der Eltern und Erzieher, die sich mit der Erklärung eines psychoorganischen Syndroms von dem ständigen Selbstvorwurf der erzieherischen Unfähigkeit entlastet fühlen und erst in die Lage versetzt werden, ihrem Kinde gegenüber die zuversichtliche Geduld entgegenzubringen, die dieses für seine gesunde Weiterentwicklung in besonderem Masse benötigt.
Wir sollten vielmehr das Phänomen des psychoorganischen Syndroms und die Tatsache, dass es Kinder gibt, die durch frühkindliche Komplikationen in ihrer Leistungs- und Anpassungsfähigkeit zunächst etwas eingeschränkt sind, nicht unter dem Gesichtspunkt «angeboren oder erworben», ja gar nicht einmal unter dem Gesichtspunkte «gesund oder krank» betrachten, sondern weit ausserhalb dieser Kriterien als eine Variante normaler Existenz und menschlichen Daseins verstehen. POS-Kinder sind nicht kranke oder behinderte Kinder, sie sind vielmehr eine grosse Zahl von Kindern – etwa 10–15 Prozent aller Kinder –, die im Kreis ihrer Altersgenossen, die ebenso gesund oder krank sind wie diese auch, besondere Eigenschaften, teilweise Schwächen, teilweise aber auch Stärken aufweisen – zum Beispiel eine erhöhte Sensibilität –, die sie in ihrem späteren Leben nicht zu behindern brauchen, sie sogar zu besonderen Leistungen fähig machen können. Ob ihnen das gelingen wird, hängt nicht nur von der Fähigkeit der Eltern, ihre Kinder zu verstehen, ab, sondern vor allem davon, ob die Eltern diese Kinder so akzeptieren können wie sie nun einmal sind. Darüber hinaus aber auch, wieweit die Gesellschaft bereit ist, diese Kinder in ihren besonderen Eigenschaften und Bedürfnissen zu akzeptieren und ihnen und ihren

Eltern die Möglichkeit zur Verfügung stellt, in dieser Umwelt aufzuwachsen. Dies scheint gerade in einer Zeit zu betonen besonders notwendig, in welcher die Normierung der Schule und der Bildungswege zum Prinzip gemacht wird, das jeden Menschen und jedes Kind, welches nicht einer Durchschnittsnorm entspricht, zum Aussenseiter abstempelt und seine Integration in die Gemeinschaft erschwert, wenn nicht gar verhindert.

Literatur

LEMPP R.: Frühkindliche Hirnschädigung und Neurose. 3. Auflage 1978

LEMPP R.: (Hrsg.): Teilleistungsstörungen im Kindesalter. Bern-Stuttgart-Wien 1979

LEMPP R.: Hat das Kind denn einen Hirnschaden? München, 1979

SIEBER M.: Das leicht hirngeschädigte und das psychoreaktiv gestörte Kind. Bern-Stuttgart-Wien, 1978

SCHMIDT M. H.: Prävalenz und Bedeutung cerebraler Dysfunktion bei achtjährigen Mannheimer Kindern in: Arbeitsbericht des Sonderforschungsberichts 116 «Psychiatrische Epidemiologie», Zentralinstitut für seelische Gesundheit, 6800 Mannheim 1, S. 1–44

Monika A. Vernooij

Hampelliese – Zappelhans

Problemkinder mit Hyperkinetischem Syndrom
Unter besonderer Berücksichtigung des individualpsychologischen Aspektes

Schriftenreihe
«Erziehung – Unterricht – Sozialarbeit – Therapie»,
Band 2

151 Seiten, 14 Abbildungen,
kartoniert Fr. 34.– / DM 39.– / öS 304.–
ISBN 3-258-04482-1

Haupt